새로운 다양한 자료
동양북스 홈에서 만나보세요!

홈페이지 활용하여 외국어 실력 두 배 늘리기!

홈페이지 이렇게 활용해보세요!

---

1 도서 자료실에서 학습자료 및
MP3 무료 다운로드!

❶ 도서 자료실 클릭
❷ 검색어 입력
❸ MP3, 정답과 해설, 부가자료 등
  첨부파일 다운로드

* 원하는 자료가 없는 경우 '요청하기' 클릭!

2 동영상 강의를 어디서나 쉽게!
외국어부터 바둑까지!

500만 독자가 선택한

가장 쉬운
독학 일어 첫걸음
14,000원

가장 쉬운
독학 중국어 첫걸음
14,000원

가장 쉬운
독학 베트남어 첫걸음
15,000원

가장 쉬운
독학 스페인어 첫걸음
15,000원

가장 쉬운
독학 프랑스어 첫걸음
16,500원

가장 쉬운
독학 태국어 첫걸음
16,500원

가장 쉬운
프랑스어 첫걸음의 모든 것
17,000원

가장 쉬운
독일어 첫걸음의 모든 것
18,000원

가장 쉬운
스페인어 첫걸음의 모든 것
14,500원

첫걸음 베스트 1위!

가장 쉬운 러시아어
첫걸음의 모든 것
16,000원

가장 쉬운 이탈리아어
첫걸음의 모든 것
17,500원

가장 쉬운 포르투갈어
첫걸음의 모든 것
18,000원

버전업! 가장 쉬운
베트남어 첫걸음
16,000원

가장 쉬운 터키어
첫걸음의 모든 것
16,500원

버전업! 가장 쉬운
아랍어 첫걸음
18,500원

가장 쉬운 인도네시아어
첫걸음의 모든 것
18,500원

버전업! 가장 쉬운
태국어 첫걸음
16,800원

가장 쉬운 영어
첫걸음의 모든 것
16,500원

버전업! 굿모닝
독학 일본어 첫걸음
14,500원

가장 쉬운 중국어
첫걸음의 모든 것
14,500원

오늘부터는
팟캐스트로 공부하자!

팟캐스트 무료 음성 강의

▶▶ 1
iOS 사용자

Podcast 앱에서
'동양북스' 검색

▶▶ 2
안드로이드 사용자

플레이스토어에서 '팟빵' 등
팟캐스트 앱 다운로드,
다운받은 앱에서
'동양북스' 검색

▶▶ 3
PC에서

팟빵(www.podbbang.com)에서
'동양북스' 검색
애플 iTunes 프로그램에서
'동양북스' 검색

◉ **현재 서비스 중인 강의 목록** (팟캐스트 강의는 수시로 업데이트 됩니다.)

- 가장 쉬운 독학 일본어 첫걸음
- 페이의 적재적소 중국어
- 가장 쉬운 독학 중국어 첫걸음
- 중국어 한글로 시작해
- 가장 쉬운 독학 베트남어 첫걸음

매일 매일 업데이트 되는 동양북스 SNS! 동양북스의 새로운 소식과 다양한 정보를 만나보세요.

 blog.naver.com/dymg98　　📷 instagram.com/dybooks　　 facebook.com/dybooks　　 twitter.com/dy_books

일단 합격
하고 오겠습니다

정반합 新HSK

1급

전략서

동양북스

정반합 新HSK 1급 전략서

초판 2쇄 | 2019년 9월 5일

지은이 | 张雯, 孙春颖
해   설 | 진윤영
발행인 | 김태웅
편집장 | 강석기
편   집 | 정지선, 김다정
디자인 | 방혜자, 김효정, 서진희, 강은비
마케팅 | 나재승
제   작 | 현대순

발행처 | (주)동양북스
등   록 | 제 2014-000055호(2014년 2월 7일)
주   소 | 서울시 마포구 동교로22길 14(04030)
구입 문의 | 전화 (02)337-1737   팩스 (02)334-6624
내용 문의 | 전화 (02)337-1762   dybooks2@gmail.com

ISBN 979-11-5768-241-6 14720
ISBN 979-11-5768-233-1 (세트)

머리말

新HSK 시험은 국제한어능력 표준화 시험으로 제 1언어가 중국어가 아닌 수험생이 생활과 학습, 업무상에서 중국어를 사용하여 교제하는 능력을 중점적으로 평가합니다.

이에 수험생들이 시험을 보기 전, 짧은 시간 내에 新HSK 각 급수의 시험 구성과 문제 유형에 익숙해지고, 신속하게 응시 능력과 성적을 향상할 수 있도록 《新汉语水平考试大纲》에 의거하여 문제집을 만들게 되었습니다.

정말 반드시 합격한다

본 교재는 新HSK 1~6급까지 총 6권으로 구성된 시리즈이며, 新HSK 시험을 처음 접하는 학습자일지라도 누구나 쉽게 도전할 수 있도록 구성하였습니다. 또한 기초를 학습한 후 고득점으로 합격할 수 있게 많은 문제를 다루었습니다.

《정.반.합. 新HSK》 시리즈는

1. 시험의 중점 내용 및 문제 풀이 방법 강화

본 책의 집필진은 《新汉语水平考试大纲》, 《国际汉语能力标准》과 《国际汉语教学通用课程大纲》을 참고하여 新HSK의 예제와 기출 문제의 유형적 특징을 심도 있게 연구하였습니다. 이를 통해 수험생은 시험의 출제 의도 및 시험에서 중점적으로 다루는 내용을 파악할 수 있고 더불어 시험 문제 풀이 방법까지 제시하여 수험생으로 하여금 더욱 빠르고 정확하게 문제를 풀 수 있도록 하였습니다.

2. 문제 유형 분석 및 높은 적중률

본 책은 수년간의 기출 문제를 바탕으로 시험에 자주 나오는 문제 유형을 꼼꼼히 분석, 실제 시험과 유사한 문제를 집필하였습니다. 이에 수험생은 실제 시험에서도 당황하거나 어려움 없이 시험에 응시할 수 있으며, 이 책의 문제와 실제 시험이 유사하다는 것을 느낄 수 있을 것입니다.

3. 강의용 교재로, 독학용으로도 모두 적합

본 책은 영역별 예제 및 해설, 실전 연습 문제, 영역별 실전 테스트 외 3세트의 모의고사로 구성되어 있어 교사가 학생과 수업하기에도 학생이 독학으로 시험을 준비하기에도 모두 적합합니다.

新HSK 도전에 두려움을 겪거나 점수가 오르지 않아 어려움을 겪고 있는 모든 분들이 이 책을 통해 고득점으로 합격하기를 희망합니다!

저자 张雯, 孙春颖

新HSK 소개

新HSK는 국제 중국어능력 표준화 시험으로, 중국어가 모국어가 아닌 수험생의 생활, 학습과 업무 중 중국어를 이용하여 교제를 진행하는 능력을 중점적으로 측정한다.

1. 구성 및 용도

新HSK는 필기 시험과 구술 시험으로 나누어지며, 각 시험은 서로 독립되어 있다. 또한 新HSK는 ① 대학의 신입생 모집·분반·수업 면제·학점 수여, ② 기업의 인재채용 및 양성·진급, ③ 중국어 학습자의 중국어 응용능력 이해 및 향상, ④ 중국어 교육 기관의 교육 성과 파악 등의 참고 기준으로 사용할 수 있다.

필기 시험	구술 시험
新HSK 6급 (구 고등 HSK에 해당)	HSKK 고급
新HSK 5급 (구 초중등 HSK에 해당)	
新HSK 4급 (구 초중등 HSK에 해당)	HSKK 중급
新HSK 3급 (구 기초 HSK에 해당)	
新HSK 2급 (신설)	HSKK 초급
新HSK 1급 (신설)	

※ 구술 시험은 녹음 형식으로 이루어진다.

2. 등급

新HSK 각 등급과 〈국제 중국어 능력 기준〉, 〈유럽 언어 공통 참고규격(CEF)〉의 대응 관계는 아래와 같다.

新HSK	어휘량	국제 중국어 능력 기준	유럽 언어 공통 참고 규격(CEF)
6급	5,000 이상	5급	C2
5급	2,500		C1
4급	1,200	4급	B2
3급	600	3급	B1
2급	300	2급	A2
1급	150	1급	A1

新HSK 1급 매우 간단한 중국어 단어와 문장을 이해하고 사용할 수 있으며, 구체적인 의사소통 요구를 만족시키고 진일보한 중국어 능력을 구비한다.

新HSK 2급 익숙한 일상 화제에 대해 중국어로 간단하고 직접적인 교류를 할 수 있으며, 초급 중국어의 우수 수준이라 할 수 있다.

新HSK 3급 중국어로 일상생활 · 학습 · 업무 등 방면에서 기본 의사소통이 가능하며, 중국에서 여행할 때 대부분의 의사소통이 가능하다.

新HSK 4급 비교적 넓은 영역의 화제에 대해 중국어로 토론할 수 있으며, 원어민과 비교적 유창하게 대화할 수 있다.

新HSK 5급 중국어로 신문과 잡지를 읽고 영화와 TV 프로그램을 감상할 수 있으며 중국어로 비교적 완전한 연설을 할 수 있다.

新HSK 6급 중국어로 된 정보를 가볍게 듣고 이해할 수 있으며, 구어체 또는 서면어의 형식으로 자신의 견해를 유창하게 표현할 수 있다.

3. 접수

① **인터넷 접수**: HSK 홈페이지(www.hsk.or.kr)에서 접수
② **우편 접수**: 구비서류(응시원 서(사진 1장 부착) + 반명함판 사진 1장 + 응시비 입금 영수증)를 동봉하여 HSK한국사무국으로 등기 발송
③ **방문 접수**: 서울공자아카데미에서 접수
　　　　　　　　[접수 시간] 평 일 - 오전 9시 30분~12시, 오후 1시~5시 30분 / 토요일 - 오전 9시 30분~12시
　　　　　　　　[준비물] 응시원서, 사진 3장(3×4cm 반명함판 컬러 사진, 최근 6개월 이내 촬영)

4. 시험 당일 준비물

수험표, 2B 연필, 지우개, 신분증
※유효한 신분증:
　　18세 이상- 주민등록증, 운전면허증, 기간만료 전의 여권, 주민등록증 발급신청 확인서
　　18세 미만- 기간만료 전의 여권, 청소년증, HSK 신분확인서
　　주의! 학생증, 사원증, 국민건강보험증, 주민등록등본, 공무원증은 인정되지 않음

5. 성적 조회, 성적표 수령

　　시험일로부터 1개월 후 중국고시센터 홈페이지(www.hanban.org)에서 개별 성적 조회가 가능하며, 성적표는 시험일로부터 45일 이후 발송된다.

新HSK 1급 소개

1. 新HSK 1급 소개

- **단어 수**: 150개
- **수준**: 간단한 중국어 단어와 문장에 대한 이해를 바탕으로 기초적인 일상회화가 가능하다.
- **대상**: 매주 2~3시간씩 1학기(40~60시간)정도의 중국어를 학습하고 150개의 필수 단어 및 관련 어법 지식을 가지고 있는 학습자를 대상으로 한다.

2. 시험 구성

시험 과목	문제 형식	문항 수		시간
듣기	제1부분	5	20	약 15분
	제2부분	5		
	제3부분	5		
	제4부분	5		
듣기 답안지 작성 시간				3분
독해	제1부분	5	20	17분
	제2부분	5		
	제3부분	5		
	제4부분	5		
합계		40		약 35분

※총 시험 시간은 40분이다.(개인정보 작성 시간 5분 포함)

3. 영역별 문제 유형

	제1부분 (5문제)	사진과 녹음 내용이 일치하는지 판단하기 녹음 속 짧은 구(句)를 듣고 시험지에 제시된 사진과 일치하는지 판단한다. (新HSK 1급은 녹음을 두 번씩 들려준다)
듣기	제2부분 (5문제)	문장 내용과 알맞은 사진 선택하기 녹음 속 짧은 문장을 듣고 시험지에 제시된 3장의 사진 중 녹음 내용과 가장 알맞은 사진을 선택한다. (新HSK 1급은 녹음을 두 번씩 들려준다)
	제3부분 (5문제)	대화 내용과 알맞은 사진 선택하기 녹음 속 간단한 대화를 듣고 시험지에 제시된 6장의 사진 중 녹음 내용과 가장 알맞은 사진을 선택한다. (新HSK 1급은 녹음을 두 번씩 들려준다)

	제4부분 (5문제)	문장을 듣고 질문에 알맞은 보기 선택하기 녹음 속 문장을 듣고 이어서 들려주는 질문에 가장 알맞은 단어를 시험지에 제시된 3개의 보기 중에 선택한다. (新HSK 1급은 녹음을 두 번씩 들려준다)
독 해	제1부분 (5문제)	단어 의미가 사진과 일치하는지 판단하기 한어병음이 표기된 단어의 의미와 시험지에 제시된 사진이 서로 일치하는지 판단한다.
	제2부분 (5문제)	문장 내용과 알맞은 사진 선택하기 시험지에 제시된 6장의 사진 중 문장 내용과 관련이 깊은 사진을 선택한다.
	제3부분 (5문제)	문장 내용에 알맞은 대화문 선택하기 시험지 왼쪽에 제시된 6개의 질문 또는 문장과 상응하는 대화문을 오른쪽 보기에서 선택한다.
	제4부분 (5문제)	문장 속 빈칸에 들어갈 알맞은 단어 선택하기 사진 없이 제시된 문장 내용을 근거로 빈칸에 들어갈 알맞은 단어를 시험지에 제시된 보기에서 선택한다.

4. 성적

성적표는 듣기, 독해 두 영역의 점수 및 총점이 기재되며, 총점이 120점을 넘어야 합격이다.

	만점	점수
듣기	100	
독해	100	
총점	200	

※新HSK성적은 시험일로부터 2년간 유효하다.

이 책의 구성 및 특징

新HSK 시험 형식에 맞춰 듣기, 독해 두 개의 영역으로 나뉘어 있으며, '유형 익히기 → 유형 확인 문제 → 실전 연습 1,2 → 영역별 실전 테스트'의 순으로 학습할 수 있도록 구성하였습니다.

기초다지기

기초 다지기를 통해 新HSK 1급에 필요한 필수 공략 포인트를 확인 할 수 있습니다.

알아보기

영역별로 알아보기를 제시해 新HSK의 시험 시간, 문제 수 및 구성을 파악하고 나서, 고득점 Tip으로 문제 푸는 방법을 익힐 수 있습니다.

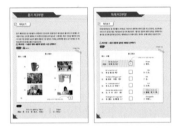

미리보기

미리보기를 통해 앞으로 학습할 문제 유형에 대해 미리 확인할 수 있습니다.

특별 부록

실전 모의고사 1, 2, 3회

실전 모의고사 3회분 제공

해설서

다양한 Tip과 자세한 해설 제공

색인

1급 필수 단어

150개 필수 단어 및 MP3 음원 제공

고득점을 향한 3단계

step 1

유형 익히기 & 유형 확인 문제

먼저 유형 익히기를 통해 新HSK의 초보자도 문제 유형을 파악할 수 있으며, 이를 적용하여 바로 유형 확인 문제를 풀어 보면 실력을 높일 수 있습니다.

① 유형 익히기로 워밍업 하고
⇩
② 유형 확인 문제로 연습하자!

step 2

실전 연습 1, 2

유형 익히기 & 유형 확인 문제를 통해 연습한 내용을 각 부분이 끝나면 실전 연습 1, 2를 통해 복습할 수 있습니다.

step 3

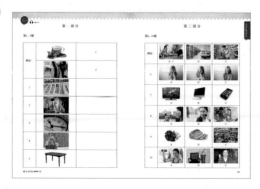

영역별 실전 테스트

듣기, 독해 두 개 영역의 학습이 끝나면 영역별 실전 테스트를 통해 실력을 점검할 수 있습니다.

차례

**기초
다지기**

(1) 주의할 단어

• 新HSK 1급 사진 문제의 핵심어

(2) 기본 문장 구조 및 주요 문형 파악하기

• 중국어의 기본 문장 구조

• 중국어 단어의 품사

• 新HSK 1급에서 꼭 알아야 할 주요 문형

(3) 상용 문장 파악하기

• 新HSK 1급에서 꼭 알아야 할 주제별 상용어구

듣기

• 제1부분 사진과 녹음 내용이 일치하는지 판단하기

• 제2부분 녹음의 문장 내용과 알맞은 사진 선택하기

• 제3부분 녹음의 대화 내용과 알맞은 사진 선택하기

기초다지기

✓ 新HSK 1급 공략 포인트

(1) 주의할 단어

新HSK 1급에서 다루는 단어는 150개이다. 듣기 영역 제 1, 2, 3부분과 독해 영역 제1, 2부분의 문제는 사진을 보고 풀 수 있는 문제로 구성되어 있다. 따라서 사진 형식으로 표현될 수 있는 단어들를 먼저 파악해야 하는데 주로 명사, 동사, 형용사 그리고 이로 구성된 간단한 단어 조합 등을 잘 파악하고 있어야 한다.

▶ 新 HSK 1급 사진 문제의 핵심어 W01

명사	장소	집 家 jiā/ 학교 学校 xuéxiào/ 식당 饭店 fàndiàn/ 상점 商店 shāngdiàn/ 병원 医院 yīyuàn
	지명	중국 中国 Zhōngguó/ 베이징 北京 Běijīng
	관계	아빠 爸爸 bàba/ 엄마 妈妈 māma/ 아들 儿子 érzi/ 딸 女儿 nǚ'ér/ 학우 同学 tóngxué/ 친구 朋友 péngyou
	직업	의사 医生 yīshēng/ 선생님 老师 lǎoshī/ 학생 学生 xuésheng
	음식	물 水 shuǐ/ 요리 菜 cài/ 쌀밥 米饭 mǐfàn/ 과일 水果 shuǐguǒ/ 사과 苹果 píngguǒ
	동물	고양이 猫 māo/ 개 狗 gǒu
	교통수단	비행기 飞机 fēijī/ 택시 出租车 chūzūchē
	일용품	옷 衣服 yīfu/ 컵 杯子 bēizi/ 책 书 shū/ 탁자 桌子 zhuōzi/ 의자 椅子 yǐzi/ 텔레비전 电视 diànshì/ 컴퓨터 电脑 diànnǎo
	기타	돈 钱 qián/ 영화 电影 diànyǐng/ 글자 字 zì
동사	생활용어	고맙습니다 谢谢 xièxie/ 천만에요 不客气 bú kèqi/ 잘 가요 再见 zàijiàn/ 실례합니다 请 qǐng/ 미안합니다 对不起 duìbuqǐ/ 괜찮습니다 没关系 méi guānxi
	동작 행위	보다 看 kàn/ 듣다 听 tīng/ 말하다 说 shuō/ 읽다 读 dú/ 쓰다 写 xiě/ 보이다 看见 kànjiàn/ 부르다 叫 jiào/ 먹다 吃 chī/ 마시다 喝 hē/ 잠을 자다 睡觉 shuìjiào/ 전화하다 打电话 dǎ diànhuà/ 사다 买 mǎi/ 열다 开 kāi/ 앉다 坐 zuò/ 공부하다 学习 xuéxí/ 일하다 工作 gōngzuò
	감정	좋아하다 喜欢 xǐhuan/ 사랑하다 爱 ài/ 알다 认识 rènshi/ 생각하다 想 xiǎng
형용사	성질	좋다 好 hǎo/ 크다 大 dà/ 작다 小 xiǎo/ 많다 多 duō/ 적다 少 shǎo
	상태	차갑다 冷 lěng/ 뜨겁다 热 rè/ 기쁘다 高兴 gāoxìng/ 예쁘다 漂亮 piàoliang

(2) 기본 문장 구조 및 주요 문형 파악하기

수험생은 단어 의미 파악 외에도 중국어 기본 문장 구조를 익혀야 한다. 新HSK 1급에 나오는 문장들은 비교적 짧고 간단하며 전치사/ 조사 등의 허사가 포함되어 있다. 따라서 문형을 보고 문장 구조에서 핵심어를 찾아 낼 수 있다면 신속하게 문장의 의미를 파악할 수 있다. 각 문장은 모두 일정한 기능을 담당하며 각각의 문형은 비교적 변화가 없는 표현 기능을 가지므로 수험 생은 문형이 전달하는 핵심 정보에 주의할 필요가 있다.

▶ **중국어의 기본 문장 구조** 🎧 W02

① 기본 구조

주어 + 술어 + 목적어
我　　吃　　东西。
Wǒ　　chī　　dōngxi.

② 확장 구조

(관형어) + 주어 + (부사어) + 술어 + (보어) + (관형어) + 목적어
我　　妹妹　　昨天　　买　　到了　给妈妈的　礼物。
Wǒ　mèimei　zuótiān　mǎi　dàole　gěi māma de　lǐwù.

▶ **중국어 단어의 품사** 🎧 W03

명사	명	사람, 사물의 이름을 나타내는 것
		예 사람 人 rén/ 강아지 狗 gǒu/ 고양이 猫 māo/ 탁자 桌子 zhuōzi/ 선생님 老师 lǎoshī/ 의사 医生 yīshēng/ 식당 饭店 fàndiàn/ 학교 学校 xuéxiào/ 날씨 天气 tiānqì
고유명사	고유	특정한 사물 및 사람의 고유 명칭(기호)을 나타내는 것
		예 중국 中国 Zhōngguó/ 베이징 北京 Běijīng/ 상하이 上海 Shànghǎi
대명사	대	명사를 대신해 쓰이는 것 (인칭대명사, 지시대명사, 의문대명사)
		예 인칭대명사 : 나, 저 我 wǒ/ 너, 당신 你 nǐ/ 그녀 她 tā/ 그, 그 사람 他 tā/ 우리 我们 wǒmen/ 너희들 你们 nǐmen/ 그들, 저든 他们 tāmen 지시대명사 : 이것, 이 这 zhè/ 그, 저 那 nà 의문대명사 : 무슨, 무엇 什么 shénme/ 무엇, 어느 哪 nǎ/ 누구 谁 shéi
동사	동	사람, 사물의 움직임이나 작용을 나타내는 것
		예 쓰다 写 xiě/ 듣다 听 tīng/ 읽다 读 dú/ 보다 看 kàn/ 먹다 吃 chī/ 잠을 자다 睡觉 shuìjiào/ 사다 买 mǎi/ 사랑하다 爱 ài/ 좋아하다 喜欢 xǐhuan

조동사	조동	동사 앞에서 동사를 보조하는 것
		예 ~할 것이다 会 huì/ (능력) ~할 수 있다 能 néng/ ~하고 싶다 想 xiǎng/ ~을 바라다 要 yào
형용사	형	사람이나 사물의 성질이나 상태를 나타내는 것
		예 크다 大 dà/ 작다 小 xiǎo/ 많다 多 duō/ 적다 少 shǎo/ 차갑다 冷 lěng/ 뜨겁다 热 rè/ 좋다 好 hǎo/ 예쁘다 漂亮 piàoliang
개사 (전치사)	개	명사나 대명사 앞에 놓여 시간, 장소, 대상, 원인 등을 나타내는 것
		예 ~와, ~에게 和 hé/ ~에, ~에서 在 zài/ ~에서, ~로부터 离 lí/ ~부터 从 cóng/ ~에 대하여 对 duì
접속사	접	단어, 문장, 구, 절을 이어주는 것
		예 ~와 和 hé/ 왜냐하면 因为 yīnwèi
부사	부	동사나 형용사 앞에 쓰여 정도나 범위, 시간, 빈도, 어기, 부정 등을 나타내는 것
		예 ~하고 있다 在 zài/ 매우, 대단히 很 hěn/ 아주, 매우 太 tài/ 모두, 전부 都 dōu/ 얼마나 多 duō
조사	조	실제적인 의미가 없이 단어나 구 뒤에 쓰여 문장의 의미를 나타내는 것
		예 종속 관계임을 나타냄 的 de/ 의문의 어기를 나타냄 吗 ma/ 동작이나 상황이 지속됨을 나타냄 呢 ne/ 동작 또는 변화가 이미 완료되었음을 나타냄 了 le
수사	수	수량이나 순서를 나타내는 것
		예 1. 하나 一 yī/ 2. 둘 二 èr/ 3. 셋 三 sān/ 4. 넷 四 sì/ 5. 다섯 五 wǔ/ 6. 여섯 六 liù/ 7. 일곱 七 qī/ 8. 여덟 八 bā/ 9. 아홉 九 jiǔ/ 10. 열 十 shí
양사	양	동작의 횟수, 시간, 사물, 사람을 세는 단위
		예 개, 사람, 명 个 gè/ 권 本 běn/ 세, 살 岁 suì/ 덩이, 조각 块 kuài/ 조금, 약간 些 xiē/ 조금 点儿 diǎnr
감탄사	감	놀람이나 느낌 등을 나타내는 것
		예 (전화 상에서) 여보세요 喂 wéi

문형	구조	예문 및 기능 설명
'在' 자문	주어 + 在 zài + 방위사구	北京 在 中国。Běijīng zài Zhōngguó. 베이징은 중국에 있습니다. 苹果 在 桌子 上。Píngguǒ zài zhuōzi shang. 사과가 탁자 위에 있습니다. ＊사람 혹은 사물이 위치하는 장소 혹은 장소 위치를 설명
	주어 + 동사 + 在 zài + 방위사구	李 老师 坐 在 椅子 上。Lǐ lǎoshī zuò zài yǐzi shang. 이 선생님은 의자에 앉아 있습니다.
	주어 + 在 zài + 방위사구 + 동사구	他们 在 学校 学习。Tāmen zài xuéxiào xuéxí. 그들은 학교에서 공부합니다. ＊인물이 하고 있는 동작과 동작이 발생한 장소를 설명
	주어 + 在 zài + 동사구	我 在 看 书 呢。Wǒ zài kàn shū ne. 저는 책을 보고 있습니다. ＊인물이 진행하고 있는 동작을 설명
'是' 자문	주어 + 是 shì + 목적어	这 是 苹果。Zhè shì píngguǒ. 이것은 사과입니다. 她 是 学生。Tā shì xuésheng. 그녀는 학생입니다. 他 是 北京人。Tā shì Běijīngrén. 그는 베이징 사람입니다. 我 妈妈 是 医生。Wǒ māma shì yīshēng. 저희 엄마는 의사입니다. ＊사물의 명칭이나 사람의 기본 정보를 소개
	주어 + 是 shì……的 de	我 是 昨天 看见 他 的。Wǒ shì zuótiān kànjiàn tā de. 저는 어제 그를 보았습니다. 这 是 在 商店 买 的。Zhè shì zài shāngdiàn mǎi de. 이것은 상점에서 산 것입니다. 他 是 坐 出租车 来 的。Tā shì zuò chūzūchē lái de. 그는 택시를 타고 왔습니다. ＊동작이 발생한 시간/ 장소 혹은 방식을 강조.(이미 발생한 사건)
'有' 자문	주어 + 有 yǒu + 목적어	[주어(시간/장소) + 有 + 수량구] 一 年 有 12 个 月。Yì nián yǒu ge yuè. 1년은 12개월입니다. ＊소유한 수량을 설명 [대명사/방위사구 + 有(+ 수량) + 사물 명사] 桌子 上 有 两 本 书。Zhuōzi shang yǒu liǎng běn shū. 탁자 위에 책 두 권이 있습니다. ＊어느 곳에 존재하는 사람 혹은 사물을 설명

'去' 자문	주어(+ 시간명사) + 去 qù + (장소 + 동사구)	我们 现在 去 饭店 吧。Wǒmen xiànzài qù fàndiàn ba. 우리 지금 밥 먹으러 갑시다. 他 下午 去 看 电影。Tā xiàwǔ qù kàn diànyǐng. 그는 오후에 영화를 보러 갑니다. 我 明天 去 商店 买 一 件 衣服。 Wǒ míngtiān qù shāngdiàn mǎi yí jiàn yīfu. 저는 내일 상점에 옷을 사러 갑니다. * 가려는 장소 혹은 하려는 일을 설명
'주동목'문	주어 + 동사 + 목적어	我们 明天 买 电脑。Wǒmen míngtiān mǎi diànnǎo. 우리는 내일 컴퓨터를 살 것입니다. 他 喜欢 小 狗。Tā xǐhuan xiǎo gǒu. 그는 강아지를 좋아합니다. * 동작행위와 동작의 대상 혹은 결과를 설명
		[주어 + 想/ 会/ 喜欢/ 爱 + 동사(+ 동작대상)] 我 想 吃 中国 菜。Wǒ xiǎng chī Zhōngguó cài. 저는 중국 요리를 먹고 싶습니다. 小 李 很 爱 学习。Xiǎo Lǐ hěn ài xuéxí. 샤오리는 공부하는 것을 좋아합니다. * 어떤 활동에 대한 흥미/ 이런 활동에 종사하는 능력/ 조건을 설명
'형용사 술어'문	주어 + 很 hěn/ 太 tài/ 真 zhēn + 형용사	他 的 书 很 多。Tā de shū hěn duō. 그의 책은 매우 많습니다. 那 件 衣服 真 漂亮! Nà jiàn yīfu zhēn piàoliang! 그 옷은 정말 예쁩니다! 西瓜 太 贵 了。 Xīguā tài guì le. 수박이 너무 비쌉니다. * 어떤 사람 혹은 사물의 성질, 상태를 설명

(3) 상용 문장 파악하기

新HSK 1급에서는 기본적이고 간단한 11가지의 자주 사용되는 문장을 파악하고 이해해야 한다. 이 문장들은 모두 특정한 표현 형식을 지니고 의미를 전달한다. 따라서 상용 문장이 전달하고자 하는 핵심 정보 혹은 핵심어를 이해한다면 문제를 푸는 데 많은 도움이 될 것이다.

▶ 新HSK 1급에서 꼭 알아야 할 주제별 상용어구 W05

주제별		상용어구	핵심 정보 or 핵심어
만났을 때		A : 你 好! Nǐ hǎo! 안녕하세요! B : 很 高兴 认识 你。Hěn gāoxìng rènshi nǐ. 당신을 만나서 반갑습니다.	기쁘다 高兴 gāoxìng 알다 认识 rènshi
헤어질 때		A : 再见! Zàijiàn! 안녕히 가세요! B : 明天 见! Míngtiān jiàn! 내일 뵙겠습니다!	잘 가 再见 zàijiàn 내일 明天 míngtiān
개인 정보 간단 소개	이름	A : 你 叫 什么 名字? Nǐ jiào shénme míngzi? 당신의 이름은 무엇입니까? B : 我 的 名字 叫(是) 마크。/ 我 是 마크。 Wǒ de míngzi jiào(shì) Mǎkè./ Wǒ shì Mǎkè. 제 이름은 마이크입니다./ 저는 마이크입니다.	부르다 叫 jiào 이름 名字 míngzi
	나이	A : 你 儿子 几 岁 了? Nǐ érzi jǐ suì le? 당신의 아들은 몇 살입니까? B : 我 儿子 今年 2 岁。Wǒ érzi jīnnián suì. 제 아들은 올해 2살입니다.	몇 几 jǐ 살, 세 岁 suì
	사는 곳	A : 你 住 在 哪儿? Nǐ zhù zài nǎr? 당신은 어디에 삽니까? B : 我 住 在 北京。Wǒ zhù zài Běijīng. 저는 베이징에서 삽니다. A : 你 是 哪 国人? Nǐ shì nǎ guó rén? 당신은 어느 나라 사람입니까? B : 我 是 中国人。Wǒ shì Zhōngguórén. 저는 중국인입니다.	베이징 北京 Běijīng 중국 中国 Zhōngguó
	가정 직업	A : 你 家 有 几 口 人? Nǐ jiā yǒu jǐ kǒu rén? 당신의 식구는 몇 명입니까? B : 我 家 有 三 口 人。Wǒ jiā yǒu sān kǒu rén. 저희는 세 식구입니다. 爸爸, 妈妈 和 我。Bàba/ māma hé wǒ. 아빠, 엄마와 저입니다. 爸爸 是 医生, 妈妈 是 老师, 我 是 学生。 Bàba shì yīshēng, māma shì lǎoshī, wǒ shì xuésheng. 아빠는 의사이고 엄마는 선생님이며 저는 학생입니다.	사람 수 관계 명사 식업 명사

개인 정보 간단 소개	취미	A : 你 喜欢 看 电影 吗? Nǐ xǐhuan kàn diànyǐng ma? 당신은 영화 보는 걸 좋아합니까? B : 我 不 喜欢 看 电影。我 爱 买 衣服。 Wǒ bù xǐhuan kàn diànyǐng. Wǒ ài mǎi yīfu. 저는 영화 보는 걸 좋아하지 않습니다. 저는 옷 사는 걸 좋아합니다.	취미의 내용 (좋아하다 喜欢 xǐhuan/ 사랑하다 爱 ài 뒤에 나오 는 활동)
	능력	A : 你 会 说 汉语 吗? Nǐ huì shuō Hànyǔ ma? 당신은 중국어를 할 줄 압니까? B : 我 会 说 汉语。我 不 太 会 写 汉字。 Wǒ huì shuō Hànyǔ.Wǒ bú tài huì xiě Hànzì. 저는 중국어를 할 수 있어요. 저는 한자는 잘 쓰지 못합니다.	~할 수 있다 会 huì, ~할 수 있다 能 néng 뒤의 정보
	전화	A : 你 的 电话 是 多少? Nǐ de diànhuà shì duōshao? 당신의 전화번호는 몇 번입니까? B : 我 的 电话 是 13800002599。 Wǒ de diànhuà shì 제 전화번호는 13800002599입니다.	전화 电话 diànhuà 수사 1~9, 0
감사 표현		A : 谢谢。Xièxie. 감사합니다. B : 不客气。Bú kèqi. 천만에요.	
사과 표현		A : 对不起。Duìbuqǐ. 미안합니다. B : 没关系。Méi guānxi. 괜찮습니다.	
수량		A : 你们 学校 有 多少 学生? Nǐmen xuéxiào yǒu duōshao xuésheng? 당신의 학교에는 학생이 얼마나 있습니까? B : 我们 学校 有 200 个 学生。 Wǒmen xuéxiào yǒu　　ge xuésheng. 우리 학교에는 200명의 학생이 있습니다. A : 桌子 上 有 几 本 书? Zhuōzi shang yǒu jǐ běn shū? 탁자 위에 책이 몇 권 있습니까? B : 桌子 上 有 5 本 书。Zhuōzi shang yǒu　běn shū. 탁자 위에 다섯 권의 책이 있습니다.	수사 양사
시간 (분, 시, 날, 요일, 일, 월, 연도 등)		A : 现在 几 点 了? Xiànzài jǐ diǎn le? 지금은 몇 시입니까? B : 8 点 25 分。　diǎn　fēn. 8시 25분입니다. A : 你 什么 时候 去 上班? Nǐ shénme shíhou qù shàngbān? 당신은 언제 출근합니까? B : 星期二 9 点。xīngqī'èr　diǎn. 화요일 9시요. A : 今天 星期 几? Jīntiān xīngqī jǐ? 오늘은 무슨 요일입니까? B : 今天 星期五。Jīntiān xīngqīwǔ. 오늘은 금요일입니다. A : 今天 几 月 几 日? Jīntiān jǐ yuè jǐ rì? 오늘은 몇 월 며칠입니까? B : 今天 2 月 25 日。Jīntiān　yuè　rì. 오늘은 2월 25일 입니다.	시간명사 : 어제 昨天 zuótiān 오늘 今天 jīntiān 내일 明天 míngtiān 오전 上午 shàngwǔ 정오 中午 zhōngwǔ 오후 下午 xiàwǔ 년 年 nián 월 月 yuè 일 日 rì 요일 星期 xīngqī 시 点 diǎn 분 分钟 fēnzhōng 현재 现在 xiànzài

간단한 묘사	날씨	A : 今天 天气 怎么样? Jīntiān tiānqì zěnmeyàng? 오늘 날씨는 어떻습니까? B : 今天 下 雨。Jīntiān xià yǔ. 오늘은 비가 옵니다.	날씨 天气 tiānqì 비가 내리다 下雨 xià yǔ
	방위	A : 杯子 在 哪儿? Bēizi zài nǎr? 컵은 어디 있습니까? B : 杯子 在 桌子 后面。Bēizi zài zhuōzi hòumiàn. 컵은 탁자 뒤에 있습니다.	장소 명사
	크기	中国 很 大。Zhōngguó hěn dà. 중국은 매우 큽니다.	
	양	我 有 很 多 书。Wǒ yǒu hěn duō shū. 저는 많은 책이 있습니다.	매우 많다 很多 hěn duō 매우 적다 很少 hěn shǎo 수량사
간단한 질문, 대답	물건 사기	A : 苹果 多少 钱 一 斤? Píngguǒ duōshao qián yì jīn? 사과는 한 근에 얼마입니까? B : 3 块 5 一 斤。 kuài yì jīn. 한 근에 3.5위안입니다.	얼마나 多少 duōshao 돈 钱 qián 위안 块 kuài
	교통	A : 请问 医院 怎么 走? Qǐngwèn yīyuàn zěnme zǒu? 실례지만 병원은 어떻게 갑니까? B : 在 学校 前面。Zài xuéxiào qiánmiàn. 학교 앞에 있습니다. A : 你 怎么 去 北京? Nǐ zěnme qù Běijīng? 당신은 베이징에 어떻게 갑니까? B : 坐 飞机。Zuò fēijī. 비행기를 타고 갑니다.	실례지만 请问 qǐngwèn 어떻게 怎么 zěnme 방위사구 교통수단
간단한 요구 혹은 요청의 표현과 이해		王 先生, 请 坐。Wáng xiānsheng, qǐng zuò. 왕 선생님, 앉으세요. 请 给 我 一 杯 茶。Qǐng gěi wǒ yì bēi chá. 저에게 차 한 잔 주세요.	请 qǐng 뒤의 동작 행위
감정 표현		今天 我 太 高兴 了! Jīntiān wǒ tài gāoxìng le! 오늘 저는 매우 기쁩니다! 我 很 喜欢 中国。 Wǒ hěn xǐhuan Zhōngguó. 저는 중국을 매우 좋아합니다.	형용사 高兴 gāoxìng 심리동사 喜欢 xǐhuan 爱 ài

新HSK

듣기

1

급

听力

新HSK 1급 듣기 알아보기

新HSK 1급 듣기 영역의 출제 의도는 수험생이 개인 혹은 일상생활과 밀접한 관련이 있는 간단한 단어를 듣고 이해하는지 평가하는 것이다. 듣기 제1부분에 자주 출제되는 내용은 주로 기본적인 숫자, 자주 사용되는 핵심어, 안부 묻기, 기본적인 지시어 또는 요청 표현 등이다.

● 기본 사항

문제 수 : 20문제
시험 시간 : 약 15분

문제 구성	문제 유형	문제 수
제1부분	사진과 녹음 내용이 일치하는지 판단하기	5문제 (1–5번)
제2부분	녹음의 문장 내용과 알맞은 사진 선택하기	5문제 (6–10번)
제3부분	녹음의 대화 내용과 알맞은 사진 선택하기	5문제 (11–15번)
제4부분	녹음의 문장을 듣고 질문에 알맞은 보기 선택하기	5문제 (16–20번)

* 듣기 영역에 대한 답안 작성 시간 : 3분

● 주요 평가 내용

듣기 영역은 수험생이 녹음을 듣고 이해하는 능력을 평가하는 데 그 목적을 두고 있다. 그 중 新 HSK 1급 듣기 부분에서는 단어의 뜻을 얼마나 이해하는지, 구나 문장의 핵심어 파악하기, 예상 하기, 확실히 이해한 문제부터 풀기 등의 방법을 사용하여 문제를 얼마나 빨리 이해하고 푸는 지를 평가한다. 주요 평가 내용은 다음과 같다.

① 일상생활에서 매우 제한적이고 기본적인 짧은 문장을 듣고 이해하는가
② 기본적인 숫자를 알고 있는가
③ 일상생활에서 자주 사용하는 간단한 인사말과 호칭을 듣고 이해하는가
④ 다른 사람의 간단한 요청을 듣고 이해하는가

듣기 고득점 Tip

▶▷ 시험 전 빠른 속도로 문제 훑어보기

수험생은 시험지를 받은 후 시험 설명 시간을 이용해 문제를 빨리 훑어봐야 한다. 듣기 제1부분부터 제3부분까지는 보기 사진에서 인물 외에 가장 잘 두드러지는 사물은 무엇인지, 인물의 동작과 상태는 어떠한지를 재빨리 파악한다. 듣기 제4부분에서는 시험지에 제시된 텍스트 보기를 보고 미리 어떤 문제가 나올지 유추한다. 이렇게 하면 녹음 내용과 사진 혹은 텍스트를 재빨리 연결할 수 있어 문제를 푸는 속도가 빨라질 수 있다.

▶▷ 적절한 풀이 방법 사용하기

시험이 시작한 후 각 문제를 풀고 남는 시간을 최대한 활용해 다음 문제를 미리 보고 녹음 내용이 무엇일지 유추해 본다. 가능한 한 첫 번째 녹음에서 문제를 풀고, 두 번째 녹음에서는 자신이 선택한 정답이 맞는지 확인하도록 한다. 이때 문제와 정답 예상하기, 핵심 정보 파악하기, 확실히 이해한 문제부터 풀기 등의 적절한 풀이 방법을 활용하도록 한다.

▶▷ 답안카드 작성은 마지막에!

듣기 시험이 진행되는 동안 우선 정답을 시험지에 표시하고, 모든 듣기 문제가 끝난 이후 답안카드에 정답을 옮겨 적는다. 이렇게 하면 듣기 시험 시간에 정답을 옮겨 적느라 다음 문제를 놓쳐버리는 안타까운 일을 방지할 수 있다. (듣기 영역의 경우 따로 답안 작성 시간 3분이 주어진다.)

듣기 听力

제1부분

사진과 녹음 내용이 일치하는지 판단하기

미리보기

듣기 제1부분은 총 5문제(1~5번)이다. 문제당 사진 1장으로 총 5장의 사진이 제시된다. 각 사진마다 하나 또는 두 개의 단어로 이뤄진 짧은 구를 들려주면, 수험생은 사진과 녹음 내용이 일치하는지 판단한다. 일치하면 오른쪽 빈칸에 ✓ 표를, 일치하지 않으면 ✕ 표를 하면 된다. 듣기 영역은 두 번씩 들려주며 문제 유형은 다음과 같다.

🔔 제1부분 – 사진과 녹음 내용이 일치하는지 판단하기

문제 🎧 MP3-01   ≫ 해설서 6p

第一部分

第1–10题   일치하면 ✔ 표, 일치하지 않으면 ✕ 표 하세요.

例如:		✔
		✕

녹음

hē chá
喝 茶

zuò fēijī
坐 飞机

01. 사진을 보고 짧은 구(句)의 유형 예상하기

듣기 제1부분에 사진의 주요 유형은 ①사물만 있는 것, ②사람만 있는 것, ③사람과 사물이 모두 있는 것, 이렇게 세 가지다. 짧은 구의 유형은 사진의 유형에 따라서 예상 가능하다.

☑ 사진에 <u>사물만</u> 있으면 구는 보통 '형용사 + 명사'이거나 시간사가 나온다.

☑ 사진에 <u>사람만</u> 있으면 구는 보통 '부사 + 형용사'이거나 일상용어가 나온다.

☑ 사진에 <u>사람과 사물이 모두</u> 있으면 비교적 구로 이뤄진 것이 많고,
　주로 '동사 + 명사', '형용사 + 부사'인 일상용어가 나온다.

 유형 익히기 | 🎧 MP3-02

| dǎ diànhuà
打 电话 | 전화하다, 전화를 걸다 |

단어 打电话 dǎ diànhuà 전화하다, 전화를 걸다

해설 사진을 먼저 보고 녹음 내용이 상황이나 장면, 동작 행위에 대한 묘사임을 유추할 수 있다. 사진을 근거로 '학생 学生 xuésheng', '공부하다 学习 xuéxí', '교실 教室 jiàoshì', '(학생이) 많다 (学生 xuésheng)多 duō' 등을 예상할 수 있으므로 녹음을 들을 때는 이를 단어나 구가 나오는지 잘 확인하도록 한다. 녹음 내용은 '打电话(전화하다)'로 예상한 단어들과 관련이 없다.

정답 ✗

 유형 확인 문제 🎧 MP3-03 　　　　　　　>> 해설서 6p

녹음 내용과 사진이 일치하면 ∨ 표, 일치하지 않으면 ✗ 표 하세요.

| 1. |  | |

02. 단어 조합 內 핵심어 파악하기

듣기 제1부분에서 자주 보이는 단어 조합 형식에는 네 가지가 있다. ①부사 + 형용사, ② 동사 + 명사, ③시간 단어 조합, ④일상 교제 용어로 이들 단어 조합이 곧 문제의 힌트라고 할 수 있다.

 부사 + 형용사

사진 내용 사물의 형질이나 인물의 상태
단어 조합 이 단어 조합 유형에서의 부사는 주로 정도부사 '很, 太', 그리고 부정부사 '不'이다.

🎧 W06

很/ 太 hěn/ tài 매우	大 dà 크다	小 xiǎo 작다	热 rè 덥다	冷 lěng 춥다	多 duō 많다	少 shǎo 적다	高兴 gāoxìng 기쁘다

不 bù ~않다	大 dà 크다	小 xiǎo 작다	热 rè 덥다	冷 lěng 춥다	多 duō 많다	少 shǎo 적다	高兴 gāoxìng 기쁘다

※ '不'는 뒤에 4성과 만나면 2성으로 변한다.

물론 이 단어 조합 유형에서 핵심어가 모두 형용사에 있는 것은 아니다. '很 + 형용사' 조합에서는 형용사가 핵심어이지만, '不 + 형용사' 조합에서는 형용사뿐 아니라 부정사도 주의해야 한다. 녹음에서 사진을 보고 예상했던 형용사가 부정부사와 함께 나온다면 정답은 ×가 된다.

 유형 익히기 I 🎧 MP3-04

bù lěng 不 冷	춥지 않다

단어 不 bù 閉 ~아니다 | 冷 lěng 쮕 춥다

해설 눈사람 사진을 보고 먼저 예상할 수 있는 형용사는 '춥다'이다. 녹음 내용에 형용사 '춥다'와 사진을 보고 예상한 '춥다'가 일치하지만 부정부사 '不(아니다)'가 있으므로 이 문장은 사진과 부합하지 않는다. 따라서 정답은 X가 된다.

정답 X

◎ 동사 + 명사 1

사진 내용 일반적으로 인물이 어떤 행동을 하고 있는 상태

단어 조합 이 단어 조합 유형에서 동사와 명사는 모두 핵심어다. 그중 동사는 비교적 구체적인 동작을 가리키며, 명사는 동작의 대상이나 내용이 된다.

🎧 W07

看 kàn 보다	电视 diànshì 텔레비전	电脑 diànnǎo 컴퓨터	电影 diànyǐng 영화	书 shū 책	医生 yīshēng 의사
听 tīng 듣다	汉语 Hànyǔ 중국어				
读 dú 읽다	汉语 Hànyǔ 중국어	书 shū 책			
写 xiě 쓰다	字 zì 글자	名字 míngzi 이름	书 shū 책		
吃 chī 먹다	菜 cài 음식	米饭 mǐfàn 밥	水果 shuǐguǒ 과일	苹果 píngguǒ 사과	
喝 hē 마시다	水 shuǐ 물	茶 chá 차			
做 zuò 만들다/ 하다	衣服 yīfu 옷	菜 cài 음식	米饭 mǐfàn 밥	工作 gōngzuò 일, 업무	
买 mǎi 사다	衣服 yīfu 옷	东西 dōngxi 물건	菜 cài 음식	水果 shuǐguǒ 과일	苹果 píngguǒ 사과
	茶 chá 차	水 shuǐ 물	杯子 bēizi 컵	书 shū 책	椅子 yǐzi 의자
开 kāi 운전하다/ 켜다	出租车 chūzūchē 택시	电视 diànshì 텔레비전	电脑 diànnǎo 컴퓨터		

坐 zuò 타다/ 앉다	飞机 fēijī 비행기	出租车 chūzūchē 택시	在+방위사구		
			在 医院 里 zài yīyuàn li 병원에	在 椅子 上 zài yǐzi shang 의자 위에	在 桌子 上 zài zhuōzi shang 탁자 위에
学习 xuéxí 공부하다	汉语 Hànyǔ 중국어				
去 qù 가다	学校 xuéxiào 학교	饭店 fàndiàn 식당	商店 shāngdiàn 상점	医院 yīyuàn 병원	
看见 kànjiàn 보다, 보이다	爸爸 bàba 아빠	妈妈 māma 엄마	老师 lǎoshī 선생님	同学 tóngxué 동창	朋友 péngyou 친구
	医生 yīshēng 의사	衣服 yīfu 옷	水 shuǐ 물	菜 cài 음식	米饭 mǐfàn 쌀밥
	苹果 píngguǒ 사과	水果 shuǐguǒ 과일	茶 chá 차	杯子 bēizi 컵	钱 qián 돈
	飞机 fēijī 비행기	电视 diànshì 텔레비젼	电脑 diànnǎo 컴퓨터	狗 gǒu 강아지	猫 māo 고양이
	东西 dōngxi 물건	书 shū 책	字 zì 글자	桌子 zhuōzi 탁자	椅子 yǐzi 의자
喜欢 xǐhuan 좋아하다	衣服 yīfu 옷	水 shuǐ 물	菜 cài 음식	水果 shuǐguǒ 과일	苹果 píngguǒ 사과
	茶 chá 차	杯子 bēizi 컵	钱 qián 돈	飞机 fēijī 비행기	书 shū 책
	猫 māo 고양이	狗 gǒu 강아지	桌子 zhuōzi 탁자	椅子 yǐzi 의자	

따라서 인물이 어떤 동작을 하고 있는 사진이라면 녹음을 들을 때 두 가지 핵심 정보에 주의해야 한다. 첫째는 동사와 사진 속 인물의 동작이 일치하는가, 둘째는 동작의 대상이나 내용이 사진 속 사물과 일치하는가이다.

kàn diànshì 看 电视	텔레비전을 보다

단어 看 kàn 통 보다 | 电视 diànshì 명 텔레비전

해설 '看电视(텔레비전을 보다)'의 단어 조합은 '看'과 '电视' 두 가지 핵심어로 구성되어 있다. 따라서 수험생은 사진을 볼 때 첫 번째는 '보다'라는 동사가 있는지, 두 번째로 대상이 무엇인지 확인해야 한다. 사진에서 드러나는 동작은 '보다'지만 보는 대상은 '신문 报纸 bàozhǐ'이지 '텔레비전'이 아니다. 비록 '신문'이라는 단어가 新HSK 1급 단어에 없다 하더라도 '텔레비전'이라는 단어를 익혔다면 정답이 X라는 것을 판단할 수 있다.

정답 **X**

동사 + 명사 2

사진 내용　명사 부분이 묘사됨

단어 조합　'동사 + 명사' 조합에서 동사는 사진에서 드러나지 않지만 이와 조합된 명사는 사진에서 드러날 수 있는데, 이럴 경우 핵심어는 바로 명사이다.

🎧 W08

去 qù 가다	学校 xuéxiào 학교	饭店 fàndiàn 식당	商店 shāngdiàn 상점	医院 yīyuàn 병원	中国 Zhōngguó 중국	北京 Běijīng 베이징
住 zhù 살다, 묵다	在学校里 zài xuéxiào li 학교에서	在商店里 zài shāngdiàn li 상점에서	在医院里 zài yīyuàn li 병원에서	在北京 zài Běijīng 베이징에서		

그 밖에도 '말하다 说 shuō', '전화를 걸다 打电话 dǎ diànhuà', '비가 내리다 下雨 xiàyǔ' 등과 이합사 '잠을 자다 睡觉 shuìjiào' 등 '동사 + 명사' 조합이 자주 출제된다.

qù xiéxiào 去 学校	학교에 가다

단어 去 qù 통 가다 | 学校 xuéxiào 명 학교

해설 '동사 + 명사' 단어 조합에서 핵심어는 바로 명사이다. 녹음 내용에 '去(가다)', '学校(학교)' 중 명사 부분 '학교'와 사진 속 학교 건물 사진이 일치하므로 정답은 √다.

정답 ✓

🎯 시간 단어 조합

사진 내용 일반적으로 시계나 달력이 묘사됨

단어 조합 이 유형의 조합은 일반적으로 숫자와 시간명사로 이루어진다. 수험생들은 사진에 제시된 시간을 중국어로 어떻게 말하는지를 알아야 하며, 녹음 내용 속 시간과 제시된 사진의 시간이 일치하는지 판단해야 한다.

[숫자 + 시간명사]

年 nián 년	1988 yī jiǔ bā bā	......	1997 yī jiǔ jiǔ qī	......	2002 èr líng líng èr	......	2015 èr líng yī wǔ	2016 èr líng yī liù	2017 èr líng yī qī
月/ 点 yuè/ diǎn 월/ 시	1 yī		2 èr/ liǎng		3 sān	......	10 shí	11 shíyī	12 shíèr
日 rì 일	1 yī		2 èr		3 sān	......	29 èrshíjiǔ	30 sānshí	31 sānshíyī
分 fēn 분	1 yī		2 liǎng		3 sān	......	57 wǔshíqī	58 wǔshíbā	59 wǔshíjiǔ

[시간명사 + 숫자] 🎧 W09

星期 xīngqī 요일	一 yī 월	二 èr 화	三 sān 수	四 sì 목	五 wǔ 금	六 liù 토	日/天 rì/ tiān 일

유형 익히기 4 MP3-07

shí diǎn sìshí fēn 十 点 四十 分	10시 40분

단어 十 shí ㈜ 열, 10 | 点 diǎn 양 시 | 四十 sìshí ㈜ 마흔, 40 | 分 fēn 양 분

해설 사진을 보고 녹음 내용이 시간과 관련될 것을 바로 예상할 수 있다. 사진에 보이는 시간은 8시이므로 녹음을 들을 때 숫자에 특히 주의해 듣자. 녹음 내용은 '10시 40분'이므로 사진과 일치하지 않는다. 따라서 정답은 X다.

정답 **X**

◯━━◎ **일상교제용어**

사진 내용 보통 2명의 인물이 등장

단어 조합 '잘가요(내일 봐요) 再见(明天见) zàijiàn(míngtiān jiàn)', '안녕하세요 你好 nǐ hǎo', '감사합니다 谢谢 xièxie', '미안합니다 对不起 duìbuqǐ' 등과 같이 일상교제 때 사용하는 용어도 파악해야 한다.

 유형 익히기 5 MP3-08

xièxie 谢谢	감사합니다

단어 谢谢 xièxie 동 감사합니다, 고맙습니다

해설 녹음 내용은 감사 인사를 표현하고 있으나, 사진은 헤어질 때 인사를 나누는 장면이므로 정답은 X다.

정답 **X**

📖 제1부분 🎧 MP3-09

⚫ 1-5.

녹음 내용이 사진과 일치하면 ✓ 표, 일치하지 않으면 ✗ 표 하세요.

1.		
2.		
3.		
4.		
5.		

실전 연습 2

>> 해설서 8p

📖 제1부분 🎧 MP3-10

🔴 1–5.

녹음 내용이 사진과 일치하면 ✓ 표, 일치하지 않으면 ✗ 표 하세요.

1.		
2.		
3.		
4.		
5.		

듣기 听力

제2부분

녹음의 문장 내용과 알맞은 사진 선택하기

듣기 제2부분

미리보기

듣기 제2부분은 총 5문제(6~10번)이다. 문제당 3장의 보기 사진이 주어지고 10글자 이내의 짧은 문장을 들려준다. 수험생은 사진 3장 중에서 짧은 문장이 묘사하는 내용에 가장 적합한 사진을 선택하면 된다. 듣기 영역은 두 번씩 들려주며 문제 유형은 다음과 같다.

🔔 제2부분 – 녹음의 문장 내용과 알맞은 사진 선택하기

문제 🎧 MP3-11   ≫ 해설서 10p

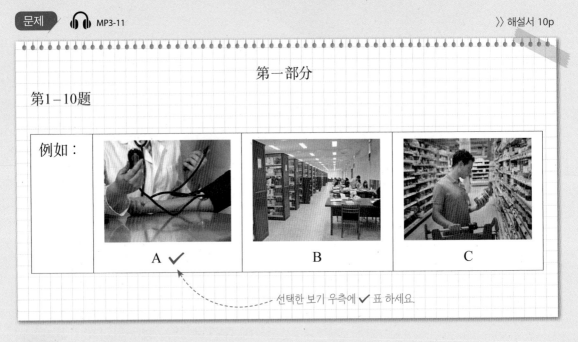

第一部分

第1-10题

例如:

A ✓   B   C

선택한 보기 우측에 ✔ 표 하세요.

녹음

Wǒ zuótiān qù le yīyuàn.
我 昨天 去了 医院。

01. 보기 사진으로 문제 예상하기

듣기 제2부분은 짧은 구 형식이다. 일반적으로 각 문제에 주어진 보기 사진 3장은 모두 내용적으로 통일성이 있으므로, 사진을 보고 어떤 문제가 나올지 예상할 수 있다.

유형 익히기 1 🎧 MP3-12

 A	 B	 C

Wǒ bàba shì yīshēng. 我 爸爸 是 医生。	우리 아버지는 의사입니다.

단어 爸爸 bàba 명 아빠 | 医生 yīshēng 명 의사

해설 3장의 사진이 각각 다른 직업을 가진 사람의 사진으로 '선생님 老师 lǎoshī', '의사(医生)', '간호사 护士 hùshi'이다. 이 중에 하나가 녹음에서 언급되리라는 것을 예상할 수 있다. '是医生(의사입니다)'라는 문장을 근거로 쉽게 정답을 선택할 수 있다.

정답 B

유형 확인 문제 🎧 MP3-13　　　　　　　　　　　　　　　　　 >> 해설서 10p

녹음을 듣고 문장 내용과 가장 알맞는 사진을 선택하세요.

1.	 A	 B	 C
2.	 A	 B	 C

02. 문장 속 핵심 정보 위치 파악하기

듣기 제2부분의 문장은 평서문이 주를 이루지만 명령문과 감탄문도 등장한다. 문장 속 핵심 정보 위치를 파악하면 좀 더 빠르게 정답 사진을 선택할 수 있다.

🎓 자주 출현하는 보기 지문 유형과 질문 🎧 W10

	문형 및 구조	핵심 정보의 위치
'是' 자문	주어 + 是 + 목적어 예 这 是 苹果。Zhè shì píngguǒ. 이것은 사과입니다.	목적어
	주어 + 是……的 예 这 是 在 商店 买 的。Zhè shì zài shāngdiàn mǎi de. 이것은 상점에서 산 것입니다.	시간, 장소, 방식
'在' 자문	주어 + (동사 +) 在 + 방위사구 예 苹果 在 桌子 上。Píngguǒ zài zhuōzi shang. 사과가 탁자 위에 있습니다.	방위사구
	주어 + 在 + 방위사구 + 동작 동사 혹은 동사 조합 어구 예 他们 在 学校 学习。Tāmen zài xuéxiào xuéxí. 그들은 학교에서 공부합니다.	방위사구, 동사
	주어 + 在 + 동작 동사 혹은 동사 조합 어구 예 我 在 看 书 呢。Wǒ zài kàn shū ne. 저는 책을 보고 있습니다.	동작 행위
'有' 자문	주어 + 有 + 목적어 예 桌子 上 有 两 本 书。Zhuōzi shang yǒu liǎng běn shū. 탁자 위에 책 두 권이 있습니다.	목적어(수사, 사물 명사)
형용사 술어문	주어 + 很/ 太/ 不 + 형용사 예 那 件 衣服 很 漂亮!Nà jiàn yīfu hěn piàoliang! 그 옷은 매우 예쁩니다!	형용사
동작 동사 술어문	주어 + (都/ 没/ 不 +) 동작 동사 혹은 동사 조합 어구 예 他 不 高兴。Tā bù gāoxìng. 그는 기쁘지 않습니다.	부사, 동작 행위
'想/会/能'	주어 + 想/ 会/ 能 + 동작 동사 혹은 동사 조합 어구 예 我 想 吃 中国 菜。Wǒ xiǎng chī Zhōngguó cài. 저는 중국 요리를 먹고 싶습니다.	동작 행위, 동작 대상
'喜欢'	주어 + 喜欢 + 목적어(명사 혹은 동사 조합 어구) 예 他 喜欢 小 狗。Tā xǐhuan xiǎo gǒu. 그는 강아지를 좋아합니다.	좋아하는 대상 및 내용

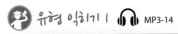

A	B	C

Tāmen zài yǐzi shang shuìjiào. 他们 在 椅子 上 睡觉。	그들은 의자에서 잠을 잡니다.

단어 在 zài 团 ~에, ~에서 | 椅子 yǐzi 명 의자 | 上 shang 명 ~위에, ~에 | 睡觉 shuìjiào 동 잠을 자다

해설 녹음 문장 중 '在'에 주의하자. 일반적으로 '在' 뒤에 오는 장소 혹은 동작 행위가 핵심 정보이기 때문이다. '在' 뒤의 '의자'와 '잠을 자 다'라는 핵심 정보를 통해 사진 A가 정답임을 알 수 있다.

정답 A

Memo

```




```

📖 제2부분 🎧 MP3-15

◑ 6 – 10.

녹음을 듣고 문장 내용과 가장 알맞은 사진을 선택하세요.

6.	 A	 B	 C
7.	 A	 B	 C
8.	 A	 B	 C
9.	 A	 B	 C
10.	 A	 B	 C

실전 연습 ❷

>> 해설서 13p

📖 제2부분 🎧 MP3-16

◐● 6–10.

녹음을 듣고 문장 내용과 가장 알맞은 사진을 선택하세요.

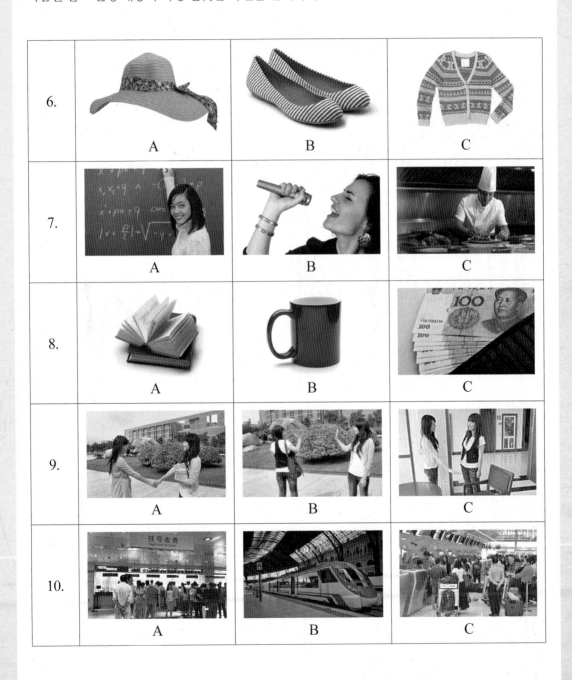

듣기 听力

제3부분

녹음의 대화 내용과 알맞은 사진 선택하기

듣기 제3부분

>> 해설서 16p

미리보기

듣기 제3부분은 총 5문제(11~15번)이다. 총 6장의 사진(1장은 예시용)이 제시되고 각 문제는 두 사람이 하는 간단한 대화로 각 10개의 단어를 넘지 않는다. 수험생은 예시 사진을 제외한 나머지 사진 5장 중에서 녹음의 대화 내용과 가장 알맞은 사진을 선택하면 된다. 듣기 영역은 두 번씩 들려주며 문제 유형은 다음과 같다.

제3부분 – 녹음의 대화 내용과 알맞은 사진 선택하기

문제 🎧 MP3-17

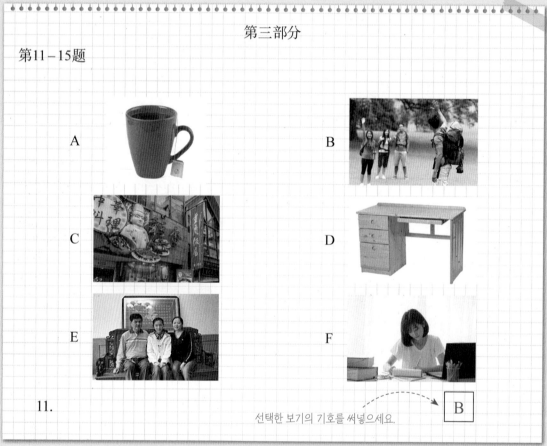

第三部分

第11-15題

A

B

C

D

E

F

11.

선택한 보기의 기호를 써넣으세요. B

녹음

例如：男：今天 很 高兴。再见！
　　　　　Jīntiān hěn gāoxìng. Zàijiàn!

女：再见！
Zàijiàn!

01. 보기 사진 보고 예상하기

듣기 제3부분의 녹음은 남녀의 대화 형식으로, 녹음을 듣기 전에 미리 사진을 보고 나올 단어를 예상하여 녹음 속 대화에서 사진과 연관지어 예상한 단어가 등장하는지 확인하도록 하자.

☑ 듣기 제3부분의 사진 종류

(1) 사물 : 명사에 주의하기!

(2) 사람 : 성별, 직업, 동작 행위를 설명하는 단어에 주의하기!

(3) 사람 + 사물 : 성별, 직업, 동작 행위, 상황을 설명하는 단어 외에도 동작 행위를
　　　　　　　　설명하는 대상과 내용도 주의하기!

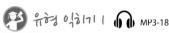 유형 익히기 | 🎧 MP3-18

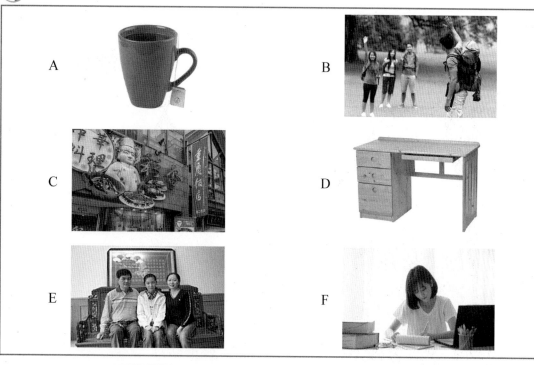

Nǐ xiǎng chī shénme?
男 : 你 想 吃 什么?　　　　　남 : 당신은 무엇을 먹고 싶어요?
Wǒmen chī Zhōngguó cài ba!
女 : 我们 吃 中国 菜 吧!　　여 : 우리 중국 요리 먹어요!

단어　想 xiǎng 조동 ~하고 싶다 | 吃 chī 동 먹다 | 什么 shénme 대 무엇 | 中国菜 Zhōngguó cài 중국 음식 | 吧 ba 조 ~합시다(제안)

해설 제시된 사진 6장을 보고 먼저 각 사진에서 가장 분명히 드러나는 사물이나 동작에 관련된 단어를 떠올릴 수 있어야 한다. 예를 들어 A는 '차 茶 chá'나 '찻잔 茶杯 chábēi', B는 헤어지는 상황에서 두 사람이 인사하고 있으므로 '잘 가요 再见 zàijiàn', C는 '식당 饭店 fàndiàn', D는 '탁자 桌子 zhuōzi', E는 '아빠 爸爸 bàba', '엄마 妈妈 māma', '딸 女儿 nǚ'ér'이나 '가족 家人 jiārén', F는 '공부하다 学习 xuéxí', '학생 学生 xuésheng' 등이다. 이렇게 미리 예상해 놓으면 녹음에서 나오는 단어 혹은 동작 행위가 어떤 사물과 연관이 되는지 빠르게 파악하여 정답 사진을 쉽게 고를 수 있다. '你想吃什么(무엇이 먹고 싶나요)'를 통해 음식을 먹는 장소를 유추할 수 있으므로 정답은 C다.

정답 C

Memo

02. 대화 속 핵심 정보 위치 파악하기

듣기 제3부분의 대화는 문답형식, 제안과 동의/ 반대, 간단한 일상 교제 문장 등의 형태로 이루어진다. 따라서 녹음을 들을 때 핵심 정보가 대화 속 어디에 위치하는지를 파악하고 있으면 정답을 쉽게 선택할 수 있다.

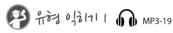 유형 익히기 1 🎧 MP3-19

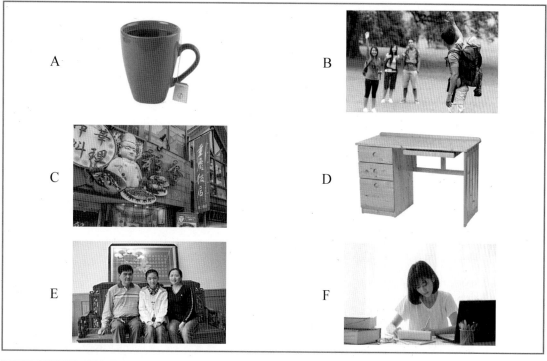

	Nǐ zài nǎr?		남 : 당신은 어디에 있나요?
男 :	你 在 哪儿?		
	Wǒ zài jiā xuéxí ne!		여 : 저는 집에서 공부하고 있어요.
女 :	我 在家学习呢!		

단어 在 zài 통 ~에 있다 | 哪儿 nǎr 대 어디 | 家 jiā 명 집 | 学习 xuéxí 통 공부하다 | 呢 ne 조 진행의 어감을 강조

해설 대화는 문답형식이며 여자가 사용한 '在'자문을 주의해야 한다. 핵심 정보는 '在' 뒤에 있는 '장소'와 그 장소에서 행해지는 '동작'이므로 대화 속 '집', '공부'에 근거하여 정답이 F라는 것을 알 수 있다.

정답 F

03. 대화 첫 마디에 집중하기

듣기 제3부분에서는 대화의 첫마디를 통해서도 문제의 핵심 정보가 무엇인지 알 수 있다. 만약 대화의 첫마디가 의문문이라면 의문대명사에 대한 답변이 문제의 핵심 정보가되고, '你好(안녕하세요)', '再见(잘 가요)', '谢谢(감사합니다)', '对不起(미안합니다)'와 같은 일상 교제 대화라면 두 번째 사람은 보통 이와 짝을 이루는 답변을 하므로 인사, 이별, 감사, 사과와 같은 장면이 묘사된 사진을 선택하면 된다. 또한, 대화의 첫 마디가 제안의 성격을 가졌다면 상대방에게 제안하는 문장 자체가 사진을 선택하는데 있어 직접적인 힌트가 된다. 따라서 대화의 첫 마디를 집중해서 듣고 어떤 문형으로 대화가 이루어지는지 확인해야 한다.

유형 익히기 | MP3-20

1-3

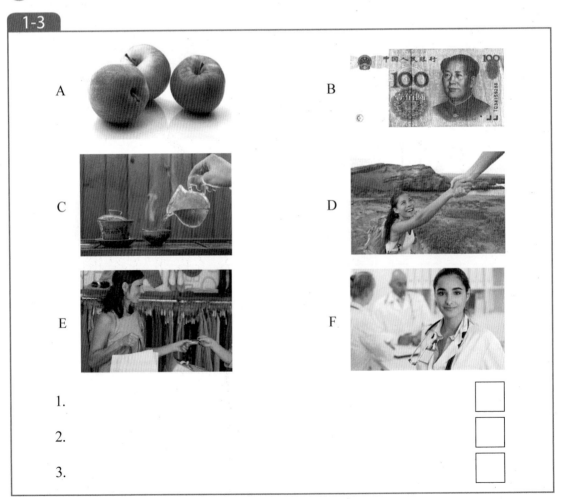

A

B

C

D

E

F

1.

2.

3.

1

Nǐ qù nǎr? 男 : 你 去 哪儿?	남 : 당신은 어디 가나요?
Wǒ qù mǎi píngguǒ. 女 : 我 去 买 苹果。	여 : 저는 사과 사러 가요.

단어 去 qù 동 가다 | 哪儿 nǎr 대 어디 | 买 mǎi 동 사다 | 苹果 píngguǒ 명 사과

해설 대화 첫 마디의 의문대명사 '哪儿(어디)'에 주의하도록 하자. 의문대명사에 대한 답변으로 여자가 구체적인 장소를 언급하지는 않았지만, '买苹果(사과를 산다)'라고 하였으므로 사진 6장 중 '사는' 동작 행위를 묘사한 사진 E와 사는 대상인 '사과' 사진 A가 가장 근접하다. 하지만 사진 E는 옷을 사고 있으므로 정답은 사진 A다.

정답 A

2

Xièxie nín bāngle wǒ! 女 : 谢谢 您 帮了 我!	여 : 도와주셔서 감사합니다.
Bú kèqi! 男 : 不 客气!	남 : 천만에요.

단어 谢谢 xièxie 동 감사합니다, 고맙습니다 | 帮 bāng 동 돕다 | 不客气 bú kèqi 천만에요

해설 일상 교제 대화로 핵심어는 '谢谢(감사하다)', '帮(도와주다)'이다. 사진 6장 중 '감사하다'를 표현한 사진은 D와 E지만, '帮(도와주다)'의 내용까지 모두 표현한 사진 D가 정답으로 가장 적합하다.

정답 D

3

Nǐ shì yīshēng ba? 男 : 你 是 医生 吧?	남 : 당신은 의사죠?
Shì de, wǒ zài yīyuàn gōngzuò. 女 : 是 的, 我 在 医院 工作。	여 : 맞아요, 저는 병원에서 일해요.

단어 医生 yīshēng 명 의사 | 吧 ba 조 문장 맨 끝에 쓰여, 의문의 어기를 나타내면서 추측의 의미를 나타냄 | 在 zài 개 ~에서 | 医院 yīyuàn 명 병원 | 工作 gōngzuò 동 일하다

해설 남자의 질문에서 바로 문제를 풀 수 있는 핵심 정보를 찾을 수 있다. 핵심어 '医生(의사)'과 알맞은 사진은 F뿐이다. 더불어 문장 끝에 쓰인 어기조사 '吧'는 의문을 나타내면서 동시에 질문자가 추측한 내용을 정확히 알고자 하여 물을 때도 사용하기 때문에 정답은 의사 사진 F뿐이다.

정답 F

04. 확실히 이해한 문제부터 풀기

듣기 제3부분은 제시된 사진 6장 중 예시용을 제외하고 남은 사진 5장과 문제 수가 서로 짝을 이룬다. 따라서 녹음을 듣고 확실히 아는 문제의 정답 사진부터 사선(/)으로 먼저 표시하자. 이때 헷갈리는 문제가 있다면 문제 옆에 녹음 속 핵심어(사람, 사물, 장소, 시간) 등을 메모한 뒤, 사선(/)으로 표시한 사진을 제외한 남은 사진 중에서 정답 사진을 찾도록 하자. 이렇게 하면 오답을 선택할 확률을 줄일 수 있다.

유형 익히기 1 🎧 MP3-21

1-3

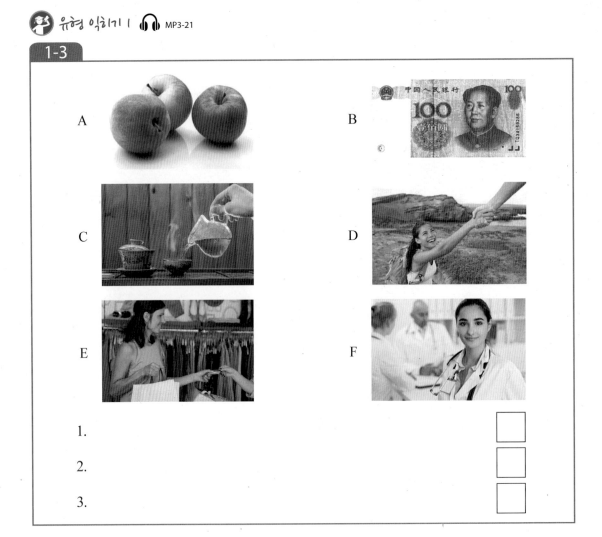

A

B

C

D

E

F

1.

2.

3.

1

男 : Nǐ xūyào duōshao qián?
你 需要 多少 钱?

남 : 당신은 돈이 얼마나 필요한가요?

女 : kuài.
100 块。

여 : 100위안이요.

단어 需要 xūyào 통 필요하다 | 多少 duōshao 때 얼마 | 钱 qián 명 돈 | 块 kuài 양 위안(중국 화폐 단위)

해설 남자의 말 속에 '多少钱(얼마에요)?'과 여자의 말 속에 '100块(100위안)'를 근거로 이 문장의 핵심은 돈과 관련되어 있다는 것을 알 수 있다. 사진 E와 헷갈릴 수 있지만 여자가 구체적으로 '100위안'이라고 하였으므로 사진 E와는 거리가 멀다. 만약 사진 E와 헷갈린다면 문제 옆에 녹음 속 핵심어를 메모해 두고 다음 문제부터 풀도록 하자.

정답 B

2

女 : Nǐ xǐhuan hē chá ma?
你 喜欢 喝茶 吗?

여 : 당신은 차 마시는 것을 좋아하나요?

男 : Wǒ hěn xǐhuan.
我 很 喜欢。

남 : 좋아해요.

단어 喜欢 xǐhuan 통 좋아하다 | 喝 hē 통 마시다 | 茶 chá 명 차

해설 직접적인 힌트는 바로 '喝茶(차를 마시다)'이다. 사물을 나타내는 사진 중 '차'와 관련된 사진은 C뿐이다.

정답 C

3

男 : Zhè shì nǐ mǎi de dōngxi.
这 是 你 买 的 东西。

남 : 여기 당신이 구매한 물건이요.

女 : Xièxie!
谢谢!

여 : 감사합니다!

단어 这 zhè 때 이것 | 是 shì 통 ~이다 | 买 mǎi 통 사다 | 的 de 조 ~의(관형어 뒤에 쓰여, 관형어와 중심어 사이가 일반적인 수식 관계임을 나타냄) | 东西 dōngxi 명 물건 | 谢谢 xièxie 통 감사합니다, 고맙습니다

해설 '买的东西(물건을 사다)'를 근거로 대화가 상점에서 이루어지고 있음을 유추할 수 있다. 따라서 정답은 E다. 이렇게 하면 앞서 남겨 두었던 1번 문제의 정답은 자연스럽게 B가 된다.

정답 E

📖 제3부분 🎧 MP3-22

🔴 11 – 15.

녹음을 듣고 대화 내용에 가장 알맞은 사진을 선택하세요.

A

B

C

D

E

11. ☐

12. ☐

13. ☐

14. ☐

15. ☐

실전 연습 2

>> 해설서 18p

📖 제3부분 🎧 MP3-23

●● 11 – 15.

녹음을 듣고 대화 내용에 가장 알맞은 사진을 선택하세요.

A

B

C

D

E

11. ☐

12. ☐

13. ☐

14. ☐

15. ☐

듣기 听力

제4부분

녹음의 문장을 듣고 질문에 알맞은 보기 선택하기

듣기 제4부분

미리보기

듣기 제4부분은 총 5문제(16~20번)이다. 이전 듣기 제1·2·3부분과는 다르게 사진이 없고 문제마다 텍스트 보기만 주어진다. 수험생은 먼저 녹음에서 들려주는 문장과 이어서 들려주는 질문을 듣고 시험지에 주어진 보기와 비교, 대조하여 가장 알맞은 정답을 선택하면 된다. 듣기 영역은 두 번씩 들려주며 문제 유형은 다음과 같다.

🔔 제4부분 – 녹음의 문장을 듣고 질문에 알맞은 보기 선택하기

문제 🎧 MP3-24   >> 해설서 20p

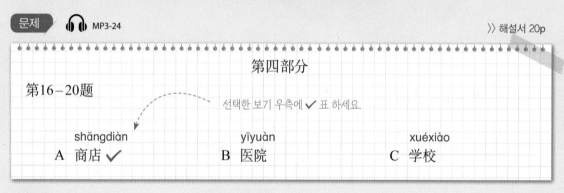

녹음

　　　　Xiàwǔ wǒ qù shāngdiàn, wǒ xiǎng mǎi yìxiē shuǐguǒ.
例如：下午 我 去　商店，我　想　买 一些 水果。

　　　　　Tā xiàwǔ qù　nǎlǐ?
问：她　下午 去 那里？

01. 보기로 문제 예상하기

듣기 제4부분의 문장은 대부분 평서문이며, 쇼핑, 시간, 장소, 인물 관계 등에 관한 간단한 문장과 관계 시 필요한 일상용어다. 보기 A, B, C는 명사면 명사, 동사구면 동사구의 형태로 통일성이 있으므로 보기를 먼저 살펴보고 어떤 질문이 나올지 예상해 보자.

자주 나오는 보기 유형에 따른 예상 질문

보기 유형		예상 가능한 질문
장소, 장소 명사		어디로 가는가 去 哪儿/ 去 哪里 qù nǎr/ qù nǎlǐ 어디에 있는가 在 哪儿/ 在 哪里 zài nǎr/ zài nǎlǐ
사물 명사		무슨 물건 什么 东西 shénme dōngxi
시간 명사	요일	무슨 요일 星期 几 xīngqī jǐ
	월, 일	몇 월 几 月 jǐ yuè 며칠 几 日/ 几 (号) jǐ rì/ jǐ (hào)
	오늘, 내일, 모레	어느 날 哪 天 nǎ tiān
숫자		몇 살 几 岁 jǐ suì 얼마나 多少 duōshao
관계 명사 또는 인명		누구 谁 shéi
형용사		어떠하다 怎么样 zěnmeyàng
坐 + 교통수단		어떻게 가는가 怎么 去 zěnme qù
동사		~할 것이다 会 huì (능력) ~할 수 있다 能 néng 좋아하다 喜欢 xǐhuan 생각하다 想 xiǎng 무엇을 하고 있는가 在 做 什么 zài zuò shénme

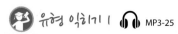 유형 익히기 Ⅰ 🎧 MP3-25

xuéxiào	shāngdiàn	jiā	A 학교	B 상점	C 집
A 学校	B 商店	C 家			

단어 学校 xuéxiào 명 학교 | 商店 shāngdiàn 명 상점, 판매점 | 家 jiā 명 집

Wǒ míngtiān yào huí jiā.	저는 내일 집에 돌아 가려고해요.
我 明天 要 回家。	
Tā míngtiān qù nǎr?	문 : 그는 내일 어디에 가는가?
问 : 他 明天 去哪儿?	

단어 明天 míngtiān 명 내일 | 要 yào 조동 ~하려고 하다 | 回家 huí jiā 집으로 돌아가다 | 去 qù 동 가다 | 哪儿 nǎr 대 어디, 어느 곳

해설 먼저 보기를 살펴보면 장소와 관련된 질문이 나올 것을 예상할 수 있다. 녹음 내용에서 내일 집에 간다고 하였으므로 정답은 C다.

정답 C

🏃 유형 확인 문제 🎧 MP3-26 〉〉해설서 20p

문장을 듣고 이어서 들려주는 질문에 가장 알맞은 보기를 선택하세요.

	xīngqīyī	xīngqīwǔ	xīngqīsān
1.	A 星期一	B 星期五	C 星期三

02. 보기에서 힌트 찾기

듣기 제4부분에서 보기는 매우 중요하다. 왜냐하면 新HSK 1급 시험은 상대적으로 간단하기 때문에 계산, 유추, 추리의 과정 없이 대부분 녹음에서 들리는 단어가 그대로 정답이 되는 경우가 많기 때문이다. 예를 들어 보기 A, B, C가 '요일＋숫자', '숫자＋연/ 월/ 일/ 시/ 분', '坐＋교통수단'과 같은 단어 조합이라면 숫자와 교통수단만 주의해서 들으면 된다. 이처럼 보기가 문제를 푸는 데 있어 직접적인 힌트가 되므로 적극 활용하자.

 유형 익히기 l 🎧 MP3-27

| hěn rè
A 很 热 | hěn hǎo
B 很 好 | hěn lěng
C 很 冷 | A 덥다 | B 좋다 | C 춥다 |

단어 很 hěn 🖳 매우, 아주 | 热 rè 🖳 덥다 | 好 hǎo 🖳 좋다 | 冷 lěng 🖳 춥다

| Jīntiān xià yǔ, hěn lěng.
今天 下雨, 很 冷。 | 오늘은 비가 오고 춥습니다. |
| Jīntiān tiānqì zěnmeyàng?
问 : 今天 天气 怎么样? | 문 : 오늘 날씨는 어떠한가? |

단어 今天 jīntiān 🖳 오늘 | 下雨 xiàyǔ 🖳 비가 오다 | 天气 tiānqì 🖳 날씨 | 怎么样 zěnmeyàng 🖳 어떠하다

해설 보기 모두 '부사 + 형용사'의 조합으로 문제의 힌트는 바로 형용사라는 것을 알 수 있다. 녹음에서 '冷(춥다)'이라고 하였으므로, 보기 C와 일치한다.

정답 C

 유형 확인 문제 🎧 MP3-28   〉〉 해설서 20p

문장을 듣고 이어서 들려주는 질문에 가장 알맞은 보기를 선택하세요.

| suì
1. A 1岁 | suì
B 9岁 | suì
C 6岁 |

📖 제4부분 🎧 MP3-29

● 16–20.

문장을 듣고 이어서 들려주는 질문에 가장 알맞은 보기를 선택하세요.

16.
	shāngdiàn		jiā		fàndiàn
A	商店	B	家	C	饭店

17.
	xīngqīsì		xīngqīwǔ		xīngqīliù
A	星期四	B	星期五	C	星期六

18.
	yī suì		liǎng suì		qī suì
A	一 岁	B	两 岁	C	七 岁

19.
	zuò qìchē		zuò fēijī		zuò huǒchē
A	坐 汽车	B	坐 飞机	C	坐 火车

20.
	hěn lěng		hěn rè		hěn hǎo
A	很 冷	B	很 热	C	很 好

실전 연습 2

》 해설서 23p

📖 제4부분 🎧 MP3-30

⚫ 16–20.

문장을 듣고 이어서 들려주는 질문에 가장 알맞은 보기를 선택하세요.

16. A 水果 (shuǐguǒ) B 水 (shuǐ) C 苹果 (píngguǒ)

17. A 老师 (lǎoshī) B 女儿 (nǚ'ér) C 儿子 (érzi)

18. A 一个 (yí ge) B 两个 (liǎng ge) C 三个 (sān ge)

19. A 妈妈 (māma) B 女儿 (nǚ'ér) C 朋友 (péngyou)

20. A 老师 (lǎoshī) B 学生 (xuésheng) C 医生 (yīshēng)

듣기 听力

실전 테스트

>> 해설서 25p

第 一 部 分

第1-5题

例如：	(차 사진)	✓
	(택시 사진)	×
1.	(신문 사진)	
2.	(그림 그리는 사진)	
3.	(시계 사진)	
4.	(눈 내리는 사진)	
5.	(탁자 사진)	

第 二 部 分

第6−10题

例如：		
A ✓	B	C
6.		
A	B	C
7.		
A	B	C
8.		
A	B	C
9.		
A	B	C
10.		
A	B	C

第 三 部 分

第11-15题

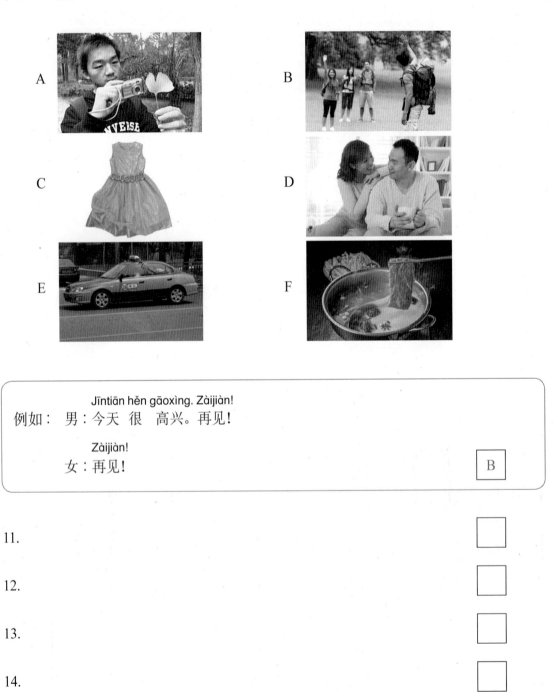

第 四 部 分

第16-20题

> Xiàwǔ wǒ qù shāngdiàn, wǒ xiǎng mǎi yìxiē shuǐguǒ.
> 例如：下午 我 去 商店， 我 想 买 一些 水果。
>
> Tā xiàwǔ qù nǎlǐ?
> 问：她 下午 去 哪里？
>
> shāngdiàn   yīyuàn   xuéxiào
> A 商店 ✓   B 医院   C 学校

16.
xuéxiào
A 学校

fàndiàn
B 饭店

yīyuàn
C 医院

17.
shāngdiàn
A 商店

diànyǐngyuàn
B 电影院

huǒchēzhàn
C 火车站

18.
xīngqīsān
A 星期三

xīngqī'èr
B 星期二

xīngqīsì
C 星期四

19.
érzi
A 儿子

bàba
B 爸爸

nǚ'ér
C 女儿

20.
hěn hǎo
A 很 好

xià yǔ
B 下雨

hěn rè
C 很 热

新HSK

독해

1급

阅读

新HSK 1급 독해 알아보기

新HSK 1급 독해 영역에서 수험생은 한어병음과 기초적인 간체자로 표기된 단어와 숫자, 간단한 개인 정보 등을 읽고 이해하며, 개인 혹은 일상생활과 밀접한 관련이 있는 인사말과 감사 표현, 기본 지시어나 요청 사항 등을 읽고 이해할 수 있는지를 평가한다.

● 기본 사항
   문제 수 : 20문제
   시험 시간 : 17분

문제 구성	문제 유형	문제 수
제1부분	단어 의미가 사진과 일치하는지 판단하기	5문항(21-25번)
제2부분	문장 내용과 알맞은 사진 선택하기	5문항(26-30번)
제3부분	문장 내용에 알맞은 대화문 선택하기	5문항(31-35번)
제4부분	문장 속 빈칸에 들어갈 알맞은 단어 선택하기	5문항(36-40번)

* 독해 영역은 별도의 답안 작성 시간 없음.

● 주요 평가 내용
   독해 영역은 수험생의 읽고 이해하는 능력을 측정하는 데 그 목적이 있다. 특히 新HSK 1급 독해 영역은 수험생이 단어의 의미를 잘 이해하고 있는지, 텍스트를 빨리 이해하여 문제 푸는 능력이 있는지를 보다 중점적으로 평가한다. 주요 평가 내용은 다음과 같다.

① 한어병음을 식별하여 그에 근거한 단어 이해력뿐만 아니라 뜻을 얼마나 잘 파악하는가
② 일상생활에서 가장 많이 쓰는 문장과 숫자를 대략적으로 이해할 수 있는가
③ 개인 및 일상생활과 밀접한 관련이 있는 간단한 텍스트 내 주요 정보를 파악하는가
④ 일상생활에서 가장 많이 쓰이는 인사말과 감사 인사 표현을 이해하는가
⑤ 사진을 근거로 관련 단어 및 자주 사용되는 단어·문장을 예상할 수 있는가

독해 고득쪼 Tip

▶▷ 한어병음 충분히 활용하기

중국어를 처음 시작하는 많은 수험생은 간체자를 익히기 어려워 한다. 그에 반해 한어병음은 어렵지 않게 접근할 수 있어 배우기가 쉬운 편이다. 때로는 수험생들이 어떤 의미에 대응하는 단어의 독음은 알면서 글자를 몰라 문제를 못 풀고 놓치는 경우가 많다. 따라서 新HSK 1급 독해 영역에서는 간체자를 모르더라도 당황하지 말고 한어병음을 충분히 활용하여 문제를 풀도록 하자.

▶▷ 단어와 문장 먼저 파악하기

독해 제1부분은 사진과 단어, 제2부분은 사진과 문장으로 이루어져 있다. 문제를 풀 때 단어와 문장을 먼저 읽어 보고 의미를 파악한 후, 사진을 보는 것이 정답을 선택하는데 있어 시간을 절약할 수 있는 비법이다.

▶▷ 답안카드는 부분별로 작성하기

독해 영역은 시험지 위에 먼저 정답을 표시하고 한 부분이 끝나면 답안카드에 옮겨 적도록 하자. 이렇게 하면 답안을 옮겨 적느라 문제 풀이의 흐름이 끊기는 일을 막을 수 있다. 또한, 마지막에 답안카드에 옮겨 적는 것을 잊거나 시간이 부족하여 아예 작성하지 못하는 일 등을 방지할 수 있다. 독해 영역의 경우 따로 답안카드 작성 시간이 주어지지 않기 때문에 필요한 경우 시험을 보기 전에 답안카드에 옮겨 적는 연습을 하기 바란다.

제1부분

단어 의미가 사진과 일치하는지 판단하기

01. 단어 의미 먼저 파악하기

독해 제1부분

미리보기

독해 제1부분은 판단 문제로 총 5문제(21~25번)이다. 각 문제 당 사진 1장으로 총 5장의 사진이 제시된다. 각 장의 사진 우측에는 한어병음이 표기된 단어가 제시되고, 수험생은 사진과 단어 의미가 일치하는지 판단하면 된다. 일치하면 오른쪽 빈칸에 ✓ 표를, 일치하지 않으면 ✗ 표를 하면 된다. 문제 유형은 다음과 같다.

🔔 제1부분 – 단어 의미가 사진과 일치하는지 판단하기

문제

》 해설서 32p

第一部分

第21-25题　　　　　　　　　　일치하면 ✓ 표, 일치하지 않으면 ✗ 표 하세요.

例如：		shū 书	✓
		diànshì 电视	✗

01. 단어 의미 먼저 파악하기

문제를 풀 때 단어의 의미를 먼저 파악한 뒤 그 단어가 사진과 일치하는지 판단하도록 하자. 문제가 사진과 함께 나오기 때문에 독해 제1부분에서 출제되는 단어는 주로 사진으로 나타낼 수 있는 장소 명사, 사물 명사, 사람의 직업이나 관계를 나타내는 명사, 동작 행위 동사, 형용사 등이다.

 독해 제1부분 출현 가능 단어

명사

장소		집 家 jiā, 학교 学校 xuéxiào, 식당 饭店 fàndiàn, 상점 商店 shāngdiàn, 병원 医院 yīyuàn, 대학 大学 dàxué 중국 中国 Zhōngguó, 베이징 北京 Běijīng
사람	가족	아빠 爸爸 bàba, 엄마 妈妈 māma, 아들 儿子 érzi, 딸 女儿 nǚ'ér
	관계	학우 同学 tóngxué, 친구 朋友 péngyou
	직업	선생님 老师 lǎoshī, 학생 学生 xuésheng, 의사 医生 yīshēng
음식		물 水 shuǐ, 요리 菜 cài, 쌀밥 米饭 mǐfàn, 과일 水果 shuǐguǒ, 사과 苹果 píngguǒ
동물		고양이 猫 māo, 개 狗 gǒu
교통수단		비행기 飞机 fēijī, 택시 出租车 chūzūchē
일상용품		옷 衣服 yīfu, 컵 杯子 bēizi, 책 书 shū, 탁자 桌子 zhuōzi, 의자 椅子 yǐzi, 텔레비전 电视 diànshì, 컴퓨터 电脑 diànnǎo
기타		돈 钱 qián, 영화 电影 diànyǐng, 글자 字 zì, 책 书 shū, 날씨 天气 tiānqì

동사

동작 행위	보다 看 kàn, 듣다 听 tīng, 말하다 说 shuō, 읽다 读 dú, 쓰다 写 xiě, 부르다 叫 jiào, 먹다 吃 chī, 마시다 喝 hē, 잠자다 睡觉 shuìjiào, 전화하다 打电话 dǎ diànhuà, 사다 买 mǎi, 열다 开 kāi, 앉다 坐 zuò, 공부하다 学习 xuéxí, 일하다 工作 gōngzuò
감정	좋아하다 喜欢 xǐhuan, 사랑하다 爱 ài, 알다 认识 rènshi, 보고 싶어 하다 想 xiǎng

형용사

상태, 성질	춥다 冷 lěng, 덥다 热 rè, 기쁘다 高兴 gāoxìng, 예쁘다 漂亮 piàoliang, 크다 大 dà, 작다 小 xiǎo, 많다 多 duō, 적다 少 shǎo

Memo

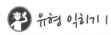 유형 익히기 1

	cài 菜	

단어 菜 cài 명 음식, 요리

해설 단어는 '菜(요리)'이며 사진과 동일한 사물을 나타내므로 정답은 ✓다.

정답 ✓

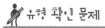 유형 확인 문제

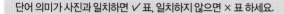

≫ 해설서 32p

단어 의미가 사진과 일치하면 ✓ 표, 일치하지 않으면 × 표 하세요.

1.		gōngzuò 工作	

📖 제1부분

● 21 – 25.

단어 의미가 사진과 일치하면 ✓ 표, 일치하지 않으면 × 표 하세요.

21.		dú 读	
22.		māo 猫	
23.		chūzūchē 出租车	
24.		shāngdiàn 商店	
25.		zhuōzi 桌子	

📖 제1부분

🔊 21 – 25.

단어 의미가 사진과 일치하면 ✓ 표, 일치하지 않으면 ✕ 표 하세요.

21.		zuò 坐	
22.		érzi 儿子	
23.		shuìjiào 睡觉	
24.		qián 钱	
25.		péngyou 朋友	

독해 | 제1부분

독해 阅读

제2부분

문장 내용과 알맞은 사진 선택하기

01. 문형 파악하고 핵심어 찾기

독해 제2부분

미리보기

독해 제2부분은 총 5문제(26~30번)로 5문제가 한 세트로 이루어져 있다. 시험지에는 총 6장의 사진(1장은 예시용)이 제시되며 각 문제당 정답은 하나이다. 사진 하단에 주어진 각 문장 내용에 관련된 사진을 선택하는 문제로, 핵심어가 나타내고자 하는 사물, 동작, 상태 등과 일치하는 사진을 선택하면 된다. 문제 유형은 다음과 같다.

🔔 제2부분 – 문장 내용과 알맞은 사진 선택하기

문제

≫ 해설서 35p

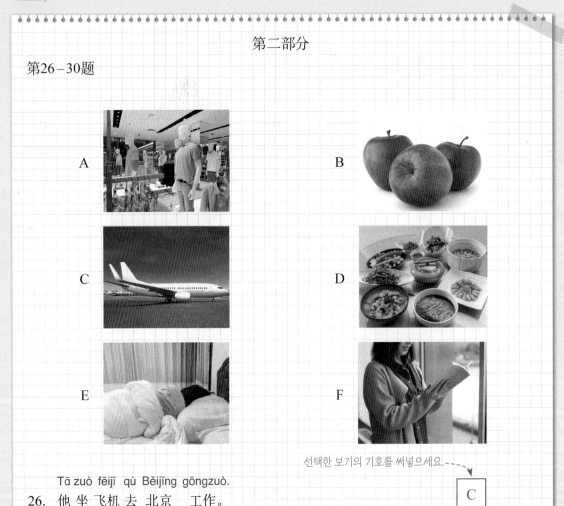

第二部分

第26-30题

A

B

C

D

E

F

선택한 보기의 기호를 써넣으세요.

Tā zuò fēijī qù Běijīng gōngzuò.

26. 他 坐 飞机 去 北京 工作。　　C

01. 문형 파악하고 핵심어 찾기

독해 제2부분에서 제시되는 문장은 보통 10단어를 넘지 않는 단문이 제시된다. 만약 기본적인 문법과 자주 상용되는 문장 유형을 이해하고, 그 안에서 핵심어를 찾아낼 수 있다면 문제를 한층 수월하게 풀 수 있다. 따라서 문장의 단어 하나하나에 집착하지 말고 제시된 문장이 어떤 문형인지 먼저 파악한 뒤, 핵심 정보의 위치를 찾아 그 핵심어에 대응하는 사진을 선택하자.

 유형 익히기 I

1-5

A

B

C

D

E

F

1

| Tā zài kàn shū ne.
她 在 看 书 呢。 | ☐ | 그녀는 책을 보는 중입니다. |

단어 在 zài 閉 ~하고 있다 | 看 kàn 동 보다 | 书 shū 명 책 | 呢 ne 조 진행의 어감을 강조

87

해설 문장에 쓰인 문형은 '在 + 동사구 + 呢'로 동작의 진행을 나타낸다. 핵심 정보는 '看书(책을 보다)'이므로 '看(보다)' 또는 '书(책)'가 묘사된 사진을 선택하면 된다.

<정답> F

2

| Wǒ jīntiān qǐngkè, zuòle jǐ ge cài.
我 今天 请客，做了 几 个 菜。 | | 제가 오늘 대접할게요, 몇 개의 음식을 만들었어요. |

단어 今天 jīntiān 몡 오늘 | 请客 qǐngkè 통 한턱 내다, 접대하다 | 做 zuò 통 하다 | 了 le 조 ~했다(완료를 나타냄) | 几 jǐ 준 몇 | 个 gè 양 개 | 菜 cài 몡 음식, 요리

해설 문장에서 눈에 띄는 문형은 없으나 중국어의 기본 문장 구조 '동사 술어문'이라는 것은 알 수 있다. 동사 술어문에서 핵심어는 동사 '做(만들다)'와 목적어 '菜(음식)'이므로 사진 D가 가장 적합하다.

<정답> D

3

| Wǒ xiǎng chī yí ge píngguǒ.
我 想 吃一个 苹果。 | | 저는 사과 한 개가 먹고 싶습니다. |

단어 想 xiǎng 조통 ~하고 싶다 | 吃 chī 통 먹다 | 一 yī 준 하나, 1 | 个 gè 양 개 | 苹果 píngguǒ 몡 사과

해설 문장에 쓰인 문형은 '想 + 동사구'다. 여기서 핵심어는 '동사 + 목적어', 즉 '吃(먹다)'와 '苹果(사과)'이므로 사진 B가 정답으로 가장 적합하다.

<정답> B

4

| Tāmen qù shāngdiàn mǎi yīfu.
他们 去 商店 买衣服。 | | 그들은 상점에 가서 옷을 삽니다. |

단어 去 qù 통 가다 | 商店 shāngdiàn 몡 상점 | 买 mǎi 통 사다 | 衣服 yīfu 몡 옷

해설 이 문장은 하나의 주어에 두 개 이상의 동사구가 술어를 구성하는 연동문이다. 연동문에서 핵심 정보는 '去 + 장소 명사 + 동사구'다. 상점에 가서 옷을 산다고 하였으므로 사진 A가 정답으로 가장 적합하다.

<정답> A

5

Tā zài jiā shuìjiào. 她 在 家 睡觉。	☐	그녀는 집에서 잠을 잡니다.

단어 在 zài 깨 ~에, ~에서 | 家 jiā 뗑 집 | 睡觉 shuìjiào 뗑 잠을 자다

해설 주목해야 할 문형은 '在＋장소 명사＋동사'이며 핵심어는 장소인 '家(집)'와 동작 행위인 '睡觉(잠을 자다)'이므로 잠을 자는 사진 E 가 가장 적합하다.

정답 E

독해 | 제2부분

Memo

📖 제2부분

● 26 – 30.

제시된 문장 내용과 가장 알맞은 사진을 선택하세요.

A

B

C

D

E

Tā zuò zài shāfā shang kàn shū.
26. 他 坐 在 沙发 上 看 书。

Tā hěn xǐhuan xiǎo gǒu.
27. 她 很 喜欢 小 狗。

Lǎoshī zài xuésheng qiánmiàn.
28. 老师 在 学生 前面。

Zhèlǐ hěn piàoliang.
29. 这里 很 漂亮。

Wàimiàn zhèng xià yǔ ne.
30. 外面 正 下 雨 呢。

📖 제2부분

● 26 – 30.

제시된 문장 내용과 가장 알맞은 사진을 선택하세요.

A

B

C

D

E

Wǒ xǐhuan kàn diànshì.
26. 我 喜欢 看 电视。

Tā yǒu yì zhī piàoliang de gǒu.
27. 她 有 一只 漂亮 的 狗。

Tāmen shì hǎo péngyou.
28. 他们 是 好 朋友。

Tā zài gōngzuò ne.
29. 他 在 工作 呢。

Zhèlǐ hěn lěng.
30. 这里 很 冷。

제3부분

문장 내용에 알맞은 대화문 선택하기

01. 의문문이 주는 핵심 단서 활용하기

독해 제3부분

미리보기

독해 제3부분은 총 5문제(31~35번)로 시험지의 왼쪽에 6개의 질문 또는 문장이, 오른쪽에 6개의 보기 문장(1쌍은 예시용)이 동시에 제시된다. 제시된 질문에 대한 답변을 선택하거나 제시된 문장에 알맞게 상응되는 대화문을 보기에서 찾는 것이다. 문제 유형은 다음과 같다.

🔔 제3부분 – 문장 내용에 알맞은 대화문 선택하기

문제

》》 해설서 39p

第三部分

第31-35题

선택한 보기의 기호를 써넣으세요.

　　　　　　Nǐ hē chá ma?
例如： 你 喝 茶 吗?　　　　E

Xǐhuan.
A 喜欢。

　　　Nǐ huì zuò fàn ma?
31. 你 会 做 饭 吗?

diǎn.
B 12点。

　　　Tā xǐhuan Zhōngguó ma?
32. 他 喜欢 中国 吗?

Huì.
C 会。

　　　Nǐ jǐ diǎn qù xuéxiào?
33. 你 几点 去 学校？

kuài.
D 26块。

　　　Zhè běn shū duōshao qián?
34. 这 本 书 多少 钱?

Xièxie, wǒ bù hē.
E 谢谢, 我 不 喝。

　　　Nǐ péngyou shì nǎ guó rén?
35. 你 朋友 是 哪 国 人?

Zhōngguórén.
F 中国人。

01. 의문문이 주는 핵심 단서 활용하기

독해 제3부분에서는 자주 사용되는 의문사와 의문문의 유형을 파악하는 것이 중요하다. 그 이유는 바로 의문문이 자체적으로 핵심적인 단서를 제공하기 때문이다. 따라서 의문사나 의문문에 쓰이는 단어에 대응하는 핵심어를 파악하면 보다 빠르게 질문에 이어지는 문장을 찾을 수 있다.

자주 등장하는 의문사, 의문문 유형과 대응하는 핵심어

의문사, 의문문 유형	대응하는 핵심어
어디 哪儿 nǎr / 哪里 nǎli	장소 명사, 방위 조합, 국가명, 지명
무엇 什么 shénme	사물 명사, 직업
몇 几 jǐ	10 이내의 숫자
얼마 多少 duōshao	10 이상의 숫자
언제 什么 时候 shénme shíhou	오늘 今天 jīntiān, 내일 明天 míngtiān, ~월 ~일 ……月……日 ……yuè ……rì
누구 谁 shéi	관계를 나타내는 명사, 사람 이름
어떠한가 怎么样 zěnmeyàng	형용사, 날씨
어떻게 가는가 怎么 去 zěnme qù	坐 zuò + 교통수단
(배워서) ~할 수 있다 会 huì, (능력) ~할 수 있다 能 néng, 좋아하다 喜欢 xǐhuan, ~하고 싶다 想 xiǎng, 무엇을 하고 있습니까? 在 做 什么 zài zuò shénme	동작을 나타내는 동사
~입니까? ……吗? ……ma?(의문문)	(不) 是 (bú) shì, (不) 会 (bú) huì, (不) 能 (bù) néng (不) 喜欢 (bù) xǐhuan, (不) 想 (bù) xiǎng, 好 的 hǎo de

✛ 플러스 해설

이 중 '……吗?' 의문문은 문장에서 동사가 무엇인지를 살펴봐야 한다. 동사 '会, 能, 喜欢, 想'이 있다면 대답에도 같은 동사가 들어가는 것이 일반적이다. 이때 정답이 즉각적으로 떠오르지 않는 문제에 부딪히면 일단 정답을 확실히 아는 문제부터 풀어 나가면 훨씬 더 쉽고 빠르게 문제의 정답을 찾을 수 있다.

1-5

Nǐ huì zuò fàn ma?	□	Xǐhuan.
1. 你会做饭吗?		A 喜欢。
Tā xǐhuan Zhōngguó ma?	□	diǎn.
2. 他喜欢 中国 吗?		B 12 点。
Nǐ jǐ diǎn qù xuéxiào?	□	Huì.
3. 你几点 去 学校?		C 会。
Zhè běn shū duōshao qián?	□	kuài.
4. 这 本 书 多少 钱?		D 26 块。
Nǐ péngyou shì nǎ guó rén?	□	Zhōngguórén.
5. 你 朋友 是 哪 国 人?		E 中国人。

1

Nǐ huì zuò fàn ma?	
你 会 做 饭 吗?	당신은 밥을 할 줄 아나요?
Huì.	
C 会。	C 할 줄 알아요.

단어 **会** huì 조동 (배워서) ~할 수 있다 | **做** zuò 동 ~하다, ~만들다 | **饭** fàn 명 밥

해설 '……吗?' 의문문에서는 동사에 주목해야 한다. 문장 속 동사는 '会(할 수 있다)'와 '做(하다)'이다. 보기 문장 중 '会'가 똑같이 등장하는 C가 정답이다.

정답 C

2

Tā xǐhuan Zhōngguó ma?	
他 喜欢 中国 吗?	그는 중국을 좋아하나요?
Xǐhuan.	
A 喜欢。	A 좋아해요.

단어 **喜欢** xǐhuan 동 좋아하다 | **中国** Zhōngguó 고유 중국

해설 '……吗?' 의문문에서는 동사에 주목해야 한다. 문장 속 동사는 '喜欢(좋아하다)'이므로 보기 문장 중 '喜欢'이 똑같이 등장하는 보기를 선택하면 된다.

정답 A

3

Nǐ jǐ diǎn qù xuéxiào? 你 几 点 去 学校?	당신은 몇 시에 학교 가나요?
diǎn. B 12 点。	B 12시요.

단어 几 jǐ 㑇 몇 | 点 diǎn 양 시 | 去 qù 동 가다 | 学校 xuéxiào 명 학교

해설 의문사가 무엇인지 파악한 뒤 그에 따른 핵심어를 찾아야 한다. 문장 속 의문문은 '几点(몇 시)'이므로 '숫자＋시'의 결합 문장인 B가 정답이다.

정답 B

4

Zhè běn shū duōshao qián? 这 本 书 多少 钱?	이 책은 얼마예요?
kuài. D 26 块。	D 26위안이요.

단어 这 zhè 대 이것 | 本 běn 양 권 | 书 shū 명 책 | 多少 duōshao 대 얼마, 몇 | 钱 qián 명 화폐, 돈 | 块 kuài 양 위안(중국 화폐 단위)

해설 의문사가 '多少(얼마)'이므로 '숫자＋块'가 나온 보기 D가 정답이다.

정답 D

5

Nǐ péngyou shì nǎ guó rén? 你 朋友 是 哪 国 人?	당신 친구는 어느 나라 사람인가요?
Zhōngguórén. E 中国人。	E 중국인이요.

단어 朋友 péngyou 명 친구 | 哪 nǎ 대 어느 | 国 guó 명 국가 | 人 rén 명 사람 | 中国 Zhōngguó 고유 중국

해설 이 문장에서 핵심은 '哪国(어느 나라)'이므로 국가명이 들어간 보기 E가 정답이다.

정답 E

📖 제3부분

● 31 – 35.
문장 내용에 알맞은 대화문을 보기에서 선택하세요.

Nǐ zěnme qù yīyuàn?
31. 你 怎么 去 医院?

[ ]

Píngguǒ.
A 苹果。

Tā qù shāngdiàn mǎi shénme?
32. 她去 商店 买 什么?

[ ]

Bù, zài yīyuàn hòumiàn.
B 不，在 医院 后面。

Diànyǐng jǐ diǎn kāishǐ?
33. 电影 几点 开始?

[ ]

diǎn bàn.
C 6点 半。

Xuéxiào zài yīyuàn de qiánmiàn ma?
34. 学校 在 医院 的 前面 吗?

[ ]

Zuò chūzūchē.
D 坐 出租车。

Jīntiān Běijīng xià yǔ le ma?
35. 今天 北京 下雨 了 吗?

[ ]

Méiyǒu, nàr tiānqì hěn hǎo.
E 没有，那儿 天气 很 好。

📖 제3부분

● 31 − 35.

문장 내용에 알맞은 대화문을 보기에서 선택하세요.

Huǒchēzhàn zài nǎr?
31. 火车站 在 哪儿？ □ 　Xǐhuan.
A 喜欢。

Nǐ huì shuō Hànyǔ ma?
32. 你会 说 汉语 吗？ □ 　Zài jiā.
B 在家。

Nǐ māma zài nǎr le?
33. 你 妈妈 在 哪儿了？ □ 　Shuǐguǒ.
C 水果。

Xiǎng mǎi xiē shénme?
34. 想 买 些 什么？ □ 　Zài xuéxiào de qiánmiàn.
D 在 学校 的 前面。

Tā xǐhuan chī mǐfàn ma?
35. 她 喜欢 吃 米饭 吗？ □ 　Huì shuō yì diǎn.
E 会 说 一 点。

제4부분

문장 속 빈칸에 들어갈 알맞은 단어 선택하기

01. 빈칸에 들어갈 단어의 품사 파악하기

독해 제4부분

 미리보기

독해 제4부분은 총 5문제(36~40번)로 빈칸에 들어갈 알맞은 단어를 선택하는 문제이다. 보기에 6개 단어(1개는 예시용)가 제시되고, 보기 아래에 5개의 문제가 있으며 각각의 문제에는 하나의 빈칸이 있다. 문제 유형은 다음과 같다.

🔔 제4부분 – 문장 속 빈칸에 들어갈 알맞은 단어 선택하기

문제 >> 해설서 43p

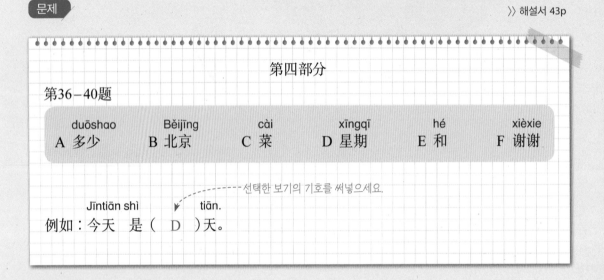

第四部分

第36-40题

duōshao	Běijīng	cài	xīngqī	hé	xièxie
A 多少	B 北京	C 菜	D 星期	E 和	F 谢谢

선택한 보기의 기호를 써넣으세요.

Jīntiān shì   tiān.
例如：今天　是（　D　）天。

01. 빈칸에 들어갈 단어의 품사 파악하기

독해 제4부분의 문제 5개 중 3개는 간단한 단문이고, 나머지 2개는 대화문이다. 문장의 내용은 대부분 쇼핑, 시간, 장소, 인물간 관계와 일상교제용어이다. 문제를 풀 때는 무턱대고 처음부터 문장을 해석하지 말고, 먼저 빈칸 앞뒤로 나와 있는 단어를 보고 빈칸에 들어갈 단어의 품사를 예상한 뒤, 품사를 근거로 보기에서 정답을 선택하자. 정답은 빈칸 하나에 한 번씩만 들어가므로 모르는 문제에 집착하지 말고, 아는 것부터 풀어 제외한 후 나머지 모르는 빈칸을 채우면 시간을 단축할 수 있다.

🎓 중국어 단어의 품사 정의

명사	사람, 사물의 이름을 나타내는 것
고유명사	특정한 사물 및 사람의 고유 명칭(기호)을 나타내는 것
대명사	명사를 대신해서 쓰는 것 (인칭대명사, 지시대명사, 의문대명사)
동사	사람, 사물의 움직임이나 작용을 나타내는 것
조동사	동사 앞에서 동사를 보조하는 것
형용사	사람이나 사물의 성질이나 상태를 나타내는 것
개사 (전치사)	명사나 대명사 앞에 놓여 시간, 장소, 대상, 원인 등을 나타내는 것
접속사	단어, 문장, 구, 절을 이어주는 것
조사	실제적인 의미가 없이 단어나 구 뒤에 쓰여 문장의 의미를 나타내는 것
수사	수량이나 순서를 나타내는 것
양사	동작의 횟수, 시간, 사물, 사람을 세는 단위
감탄사	놀람이나 느낌 등을 나타내는 말

※ 각 품사에 해당하는 단어 예제는 전략서 15페이지 참고.

1-5

duōshao A 多少	Běijīng B 北京	cài C 菜	A 얼마	B 베이징	C 음식
xīngqī D 星期	hé E 和	xièxie F 谢谢	D 주, 요일	E ~와	F 감사합니다

단어 多少 duōshao 때 얼마, 몇 | 北京 Běijīng 고유 베이징, 북경 | 菜 cài 명 음식, 요리 | 星期 xīngqī 명 주, 요일 | 和 hé 접 ~와 |
谢谢 xièxie 통 감사합니다, 고맙습니다

1

Xiànzài shì　　　　shíjiān　diǎn.
现在　是（　　）时间 8 点。

지금은 (B 베이징) 시간으로 8시입니다.

단어 现在 xiànzài 명 지금, 현재 | 时间 shíjiān 명 시간 | 点 diǎn 양 시

해설 시간을 설명하는 문장으로 빈칸에 들어갈 단어의 품사는 명사임을 알 수 있다. 보기에서 명사인 B와 C 중 문장 내용에 알맞은 정답
은 B다.

정답 B

2

Nǐ xǐhuan chī shénme
你 喜欢 吃 什么（　　）?

당신은 무슨 (C 음식) 먹는 것을 좋아하나요?

단어 喜欢 xǐhuan 통 좋아하다 | 吃 chī 통 먹다 | 什么 shénme 때 무슨, 무엇

해설 의문문 '什么(무엇)' 뒤에는 구체적인 대상이 와야 한다. 동사가 '吃'이므로 먹을 수 있는 대상인 명사를 찾으면 된다.

정답 C

3

Wǒ　　　　Lǐ Huá shì　hǎo péngyou.
我（　　）李华 是　好　朋友。

저 (E 와) 리화는 친한 친구입니다.

단어 好 hǎo 형 좋다 | 朋友 péngyou 명 친구

해설 문장을 통해 '나'와 '리화'는 서로 친구임을 알 수 있다. '나'와 '리화'는 대명사로, 대명사를 서로 연결하여 병렬 관계를 나타낼 수 있
는 접속사를 찾으면 된다.

정답 E

4

Zhè bǎ yǐzi qián?	
男：这 把 椅子（　　）钱?	남 : 이 의자는 (A 얼마) 예요?
kuài.	
女：100 块。	여 : 100위안입니다.

단어　把 bǎ 양 손잡이가 있는 물건을 세는 양사 | 椅子 yǐzi 명 의자 | 钱 qián 명 화폐, 돈 | 块 kuài 양 위안(중국 화폐 단위)

해설　빈칸 뒤 '钱(돈)'과 물음표, 그리고 여자의 대답을 근거로 빈칸에 들어갈 단어의 품사는 의문문을 만들 수 있는 의문대명사라는 것을 알 수 있다. 보기에서 의문대명사는 A뿐이다.

정답 A

5

Jīntiān tài nǐ le.	
女：今天 太（　　）你 了。	여 : 오늘 너무 (F 감사합니다).
Bú kèqi.	
男：不 客气。	남 : 별말씀을요.

단어　太 tài 부 너무, 매우 | 不客气 bú kèqi 천만에요

해설　남자의 대답 '不客气(천만에요)'를 근거로 감사의 표시를 나타내는 단어 F가 정답임을 알 수 있다.

정답 F

📖 제4부분

● 36 – 40.

문장 속 빈칸에 들어갈 알맞은 단어를 선택하세요.

shíhou	hòumiàn	huí	qǐng	Hànzì
A 时候	B 后面	C 回	D 请	E 汉字

Shāngdiàn zài yīyuàn
36. 商店　在 医院（　　　）。

Tā zhōngwǔ　　　jiā chī fàn.
37. 她 中午（　　　）家 吃 饭。

Wǒ huì shuō Hànyǔ, dàn bú rènshi
38. 我 会 说 汉语，但 不 认识（　　　）。

Nǐ míngtiān shénme　　　qù huǒchēzhàn?
39. 男：你 明天 什么（　　　）去 火车站?

diǎn
女：9 点 40。

chī shuǐguǒ.
40. 女：（　　　）吃 水果。

Xièxie.
男：谢谢。

📖 제4부분

● 36 – 40.

문장 속 빈칸에 들어갈 알맞은 단어를 선택하세요.

| fēijī
A 飞机 | gōngzuò
B 工作 | xià yǔ
C 下雨 | kànjiàn
D 看见 | yīfu
E 衣服 |

Wǒ qù shāngdiàn mǎi
36. 我 去 商店 买（　　　）。

Tā zuò　　　　qù Běijīng.
37. 她 坐（　　　）去 北京。

Wǒ māma zài yīyuàn
38. 我 妈妈 在 医院（　　　）。

Nǐ　　　　wǒ de yīfu le ma?
39. 男：你（　　　）我 的 衣服 了 吗?

Méiyǒu.
女：没有。

Xiànzài tiānqì zěnmeyàng?
40. 女：现在 天气 怎么样?

Zài
男：在（　　　）。

실전 테스트

>> 해설서 46p

第 一 部 分

第21−25题

例如：		shū 书	✓
		diànshì 电视	✕
21.		yīyuàn 医院	
22.		duìbuqǐ 对不起	
23.		mǎi dōngxi 买 东西	
24.		xuéxiào 学校	
25.		chī 吃	

第二部分

第26-30题

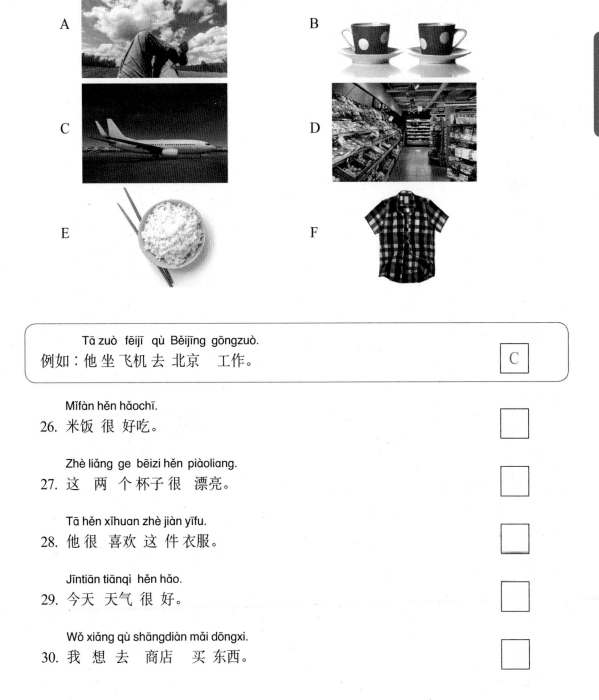

A

B

C

D

E

F

Tā zuò fēijī qù Běijīng gōngzuò.
例如：他坐飞机去北京 工作。   C

Mǐfàn hěn hǎochī.
26. 米饭 很 好吃。   ☐

Zhè liǎng ge bēizi hěn piàoliang.
27. 这 两 个杯子很 漂亮。   ☐

Tā hěn xǐhuan zhè jiàn yīfu.
28. 他很 喜欢 这 件 衣服。   ☐

Jīntiān tiānqì hěn hǎo.
29. 今天 天气 很 好。   ☐

Wǒ xiǎng qù shāngdiàn mǎi dōngxi.
30. 我 想 去 商店 买 东西。   ☐

第 三 部 分

第31-35题

Nǐ hē chá ma?
例如：你 喝 茶 吗？   E

diǎn.
A   10点。

Tā huì shuō Hànyǔ ma?
31. 他 会 说 汉语 吗？

Huì.
B   会。

Tā xǐhuan xuéxiào ma?
32. 她 喜欢 学校 吗？

yuè   rì.
C   5月26日。

Nǐ jǐ diǎn qù yīyuàn?
33. 你 几点 去 医院？

Xǐhuan.
D   喜欢。

Jīntiān shì jǐ yuè jǐ rì?
34. 今天 是 几月几日？

Xièxie, wǒ bù hē.
E   谢谢，我 不 喝。

Tā shì nǎ guó rén?
35. 他 是 哪国 人？

Zhōngguórén.
F   中国人。

第 四 部 分

第36-40题

	xià yǔ	zuò	nǎr	xīngqī	shuìjiào	qián
	A 下雨	B 坐	C 哪儿	D 星期	E 睡觉	F 钱

Jīntiān shì　　　tiān.
例如：今天 是 （ D ）天。

Wǒ　　　　fēijī qù Běijīng.
36. 我 （　　 ）飞机 去 北京。

Xīngqītiān wǒ zài jiā
37. 星期天　我 在 家 （　　 ）。

Jīntiān hěn lěng,　　　le.
38. 今天 很 冷,（　　 ）了。

Zhè běn shū duōshao
39. 男：这 本 书 多少 （　　 ）?

Shíwǔ kuài.
女：十五 块。

Nǐ qù　　　a?
40. 女：你 去 （　　 ）啊?

Wǒ qù fàndiàn.
男：我 去 饭店。

国家汉办/孔子学院总部
Hanban/Confucius Institute Headquarters

新 汉 语 水 平 考 试
Chinese Proficiency Test

HSK (一级) 成绩报告
HSK (Lavel 1) Examination Score Report

性别 (Gender) : _____ 国籍 (Nationality) : _____

考试时间 (Examination Date) : _____ 年 (Year) _____ 月 (Month) _____ 日 (Day)

编号 (No.) : _____

	满分 (Full Score)	你的分数 (Your Score)
听力 (Listening)	100	
阅读 (Reading)	100	
总分 (Total Score)	200	

总分120分为合格 (Passing Score：120)

主任
Director _____ 国家汉办
Hanban

中国 · 北京
Beijing · China

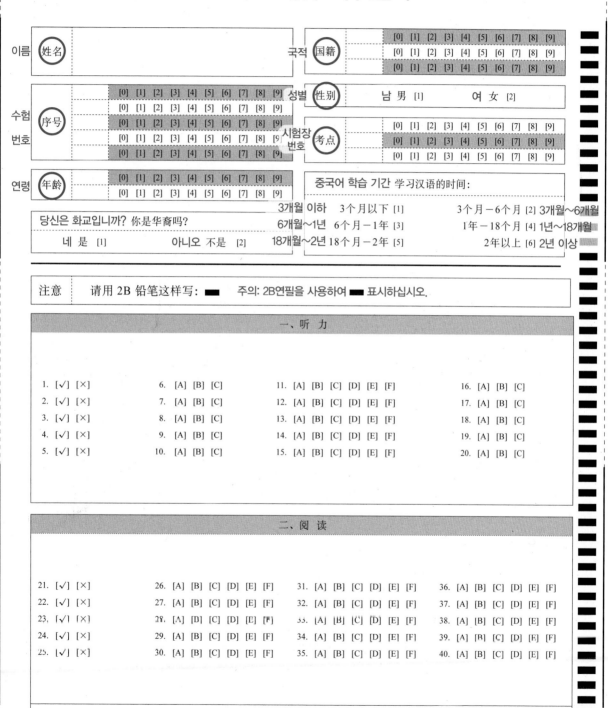

新 汉 语 水 平 考 试
HSK （一级）答题卡

이름 姓名

국적 国籍 [0] [1] [2] [3] [4] [5] [6] [7] [8] [9]
[0] [1] [2] [3] [4] [5] [6] [7] [8] [9]
[0] [1] [2] [3] [4] [5] [6] [7] [8] [9]

수험 번호 序号 [0] [1] [2] [3] [4] [5] [6] [7] [8] [9]
[0] [1] [2] [3] [4] [5] [6] [7] [8] [9]
[0] [1] [2] [3] [4] [5] [6] [7] [8] [9]
[0] [1] [2] [3] [4] [5] [6] [7] [8] [9]
[0] [1] [2] [3] [4] [5] [6] [7] [8] [9]

성별 性别 남 男 [1] 여 女 [2]

시험장 번호 考点 [0] [1] [2] [3] [4] [5] [6] [7] [8] [9]
[0] [1] [2] [3] [4] [5] [6] [7] [8] [9]
[0] [1] [2] [3] [4] [5] [6] [7] [8] [9]

연령 年龄 [0] [1] [2] [3] [4] [5] [6] [7] [8] [9]
[0] [1] [2] [3] [4] [5] [6] [7] [8] [9]

중국어 학습 기간 学习汉语的时间:

3개월 이하 3个月以下 [1]
6개월~1년 6个月－1年 [3]
18개월~2년 18个月－2年 [5]

3个月－6个月 [2] 3개월~6개월
1年－18个月 [4] 1년~18개월
2年以上 [6] 2년 이상

당신은 화교입니까? 你是华裔吗?

네 是 [1] 아니오 不是 [2]

注意 | 请用 2B 铅笔这样写: ■ 주의: 2B연필을 사용하여 ■ 표시하십시오.

一、听 力

1. [√] [×]
2. [√] [×]
3. [√] [×]
4. [√] [×]
5. [√] [×]

6. [A] [B] [C]
7. [A] [B] [C]
8. [A] [B] [C]
9. [A] [B] [C]
10. [A] [B] [C]

11. [A] [B] [C] [D] [E] [F]
12. [A] [B] [C] [D] [E] [F]
13. [A] [B] [C] [D] [E] [F]
14. [A] [B] [C] [D] [E] [F]
15. [A] [B] [C] [D] [E] [F]

16. [A] [B] [C]
17. [A] [B] [C]
18. [A] [B] [C]
19. [A] [B] [C]
20. [A] [B] [C]

二、阅 读

21. [√] [×]
22. [√] [×]
23. [√] [×]
24. [√] [×]
25. [√] [×]

26. [A] [B] [C] [D] [E] [F]
27. [A] [B] [C] [D] [E] [F]
28. [A] [B] [C] [D] [E] [F]
29. [A] [B] [C] [D] [E] [F]
30. [A] [B] [C] [D] [E] [F]

31. [A] [B] [C] [D] [E] [F]
32. [A] [B] [C] [D] [E] [F]
33. [A] [B] [C] [D] [E] [F]
34. [A] [B] [C] [D] [E] [F]
35. [A] [B] [C] [D] [E] [F]

36. [A] [B] [C] [D] [E] [F]
37. [A] [B] [C] [D] [E] [F]
38. [A] [B] [C] [D] [E] [F]
39. [A] [B] [C] [D] [E] [F]
40. [A] [B] [C] [D] [E] [F]

新HSK **1**급

정답 및
녹음 스크립트

정답

듣기 听力

제1부분

01 1. √

실전 연습 1

1. ×	2. √	3. ×	4. ×	5. ×

실전 연습 2

1. √	2. ×	3. √	4. ×	5. √

제2부분

01 1. C 2. B

실전 연습 1

6. A	7. C	8. C	9. B	10. B

실전 연습 2

6. C	7. A	8. B	9. B	10. A

제3부분

실전 연습 1

11. D	12. A	13. B	14. C	15. E

실전 연습 2

11. B	12. D	13. A	14. C	15. E

제4부분

01 1. A

02 1. B

실전 연습 1

16. B	17. A	18. C	19. B	20. A

실전 연습 2

16. A	17. B	18. A	19. C	20. A

실전 테스트

1. ×	2. ×	3. ×	4. √	5. ×
6. C	7. B	8. B	9. C	10. B
11. C	12. A	13. F	14. E	15. D
16. C	17. A	18. A	19. C	20. B

독해 阅读

제1부분

01 1. ×

실전 연습 1

21. ×	22. √	23. ×	24. ×	25. √

실전 연습 2

21. ×	22. √	23. √	24. ×	25. √

제2부분

실전 연습 1

26. B	27. C	28. A	29. D	30. E

실전 연습 2

26. E	27. A	28. C	29. B	30. D

제3부분

실전 연습 1

31. D	32. A	33. C	34. B	35. E

실전 연습 2

31. D	32. E	33. B	34. C	35. A

제4부분

실전 연습 1

36. B	37. C	38. E	39. A	40. D

실전 연습 2

36. E	37. A	38. B	39. D	40. C

실전 테스트

21. √	22. √	23. ×	24. ×	25. √
26. E	27. B	28. F	29. A	30. D
31. B	32. D	33. A	34. C	35. F
36. B	37. E	38. A	39. F	40. C

제1부분

01

1. 六点十分

실전 연습 1

1. 吃苹果
2. 老师好
3. 看电影
4. 六点半
5. 好天气

실전 연습 2

1. 中国菜
2. 学习
3. 看书
4. 去饭店
5. 五点半

제2부분

01

1. 我的小猫很漂亮。
2. 玛丽在学校。

실전 연습 1

6. 张先生，请喝茶。
7. 我爸爸是老师。
8. 很高兴认识你。
9. 那个学生很漂亮。
10. 我女儿是小学生。

실전 연습 2

6. 这件衣服很漂亮。
7. 我的朋友是老师。
8. 这是她的杯子。
9. 小李，再见!
10. 医院有很多人。

제3부분

실전 연습 1

11. 女：你要去哪儿?
    男：我要去饭店吃饭。
12. 男：你吃水果吗?
    女：好的，谢谢。
13. 女：请问要点什么?
    男：我要一碗米饭。
14. 男：你女儿几岁了?
    女：她今年7岁，上小学一年级。
15. 女：喂，你好，请问是李明吗?
    男：是的，我就是。

실전 연습 2

11. 男：这张桌子多少钱?
    女：500块。
12. 女：你家有几口人?
    男：三口人，爸爸，妈妈和我。
13. 男：你在干什么呢?
    女：我在学习汉语。
14. 女：她是谁?
    男：她是我女儿。
15. 男：小明现在在哪儿?
    女：在医院。

제4부분

01

1. 今天是星期一，五月三日。
   问：今天星期几?

02

1. 他有个儿子，今年九岁。
   问：他儿子几岁了?

실전 연습 1

16. 今天晚上我要在家看电视。
    问：今天晚上他在哪儿?
17. 明天是星期四，五月六日。

问：明天星期几？

18. 我有两个孩子，女儿七岁，儿子一岁。

问：他女儿几岁了？

19. 我想坐飞机去北京。

问：他想怎么去北京？

20. 昨天下雨了，非常冷。

问：昨天天气怎么样？

실전 연습 2

16. 我喜欢吃水果，不喜欢吃饭。

问：她喜欢吃什么？

17. 明天我和女儿一起去买东西。

问：他明天和谁去买东西？

18. 我想买两件衣服和一个杯子。

问：她想买几个杯子？

19. 明天我和朋友一起去看电影。

问：他明天和谁看电影？

20. 我爸爸今年四十岁，是一名老师。

问：她爸爸是做什么工作的？

실전 테스트

HSK一级听力考试分四部分，共20题。

请大家注意，听力考试现在开始。

第一部分：一共5个题，每题听两次。

例如：喝茶

坐飞机

现在开始第1题：

1. 读书

2. 写字

3. 十点二十

4. 很冷

5. 椅子

第二部分：一共5个题，每题听两次。

例如：我昨天去了医院。

现在开始第6题：

6. 她很高兴。

7. 这是我的电脑。

8. 喂，小王在吗？

9. 她去买水果了。

10. 张先生，请坐。

第三部分：一共5个题，每题听两次。

例如：男：今天很高兴。再见！

女：再见！

现在开始第11题：

11. 女：这件衣服多少钱？

男：100块。

12. 男：你儿子几岁了？

女：我儿子在上大学，二十岁了。

13. 女：你喜欢中国菜吗？

男：我很喜欢。

14. 男：你怎么回家？

女：我坐出租车。

15. 女：他们是谁？

男：是我的爸爸，妈妈。

第四部分：一共5个题，每题听两次。

例如：下午我去商店，我想买一些水果。

问：她下午去那里？

现在开始第16题：

16. 我爸爸是个医生。

问：她爸爸在哪儿工作？

17. 上午我去了商店，买了些东西。

问：他上午去了哪儿？

18. 我的朋友星期三回家。

问：朋友星期几回家？

19. 丁老师中午和女儿吃饭。

问：丁老师中午和谁吃饭？

20. 明天会下雨。

问：明天天气怎么样？

听力考试现在结束。

Ⓐ Ⓑ Ⓒ Ⓓ Ⓔ 🎧 X1-01

A

1	爱	ài	통 사랑하다, 좋아하다

B

2	八	bā	수 여덟, 8
3	爸爸	bàba	명 아빠, 아버지
4	杯子	bēizi	명 컵, 잔
5	北京	Běijīng	명 베이징(중국의 수도)
6	本	běn	양 권(책을 세는 단위)
7	不	bù	부 동사·형용사·부사 앞에서 부정을 나타냄
8	不客气	bú kèqi	천만에요, 별말씀을요

C

9	菜	cài	명 요리, 음식
10	茶	chá	명 차, 차로 만든 음료
11	吃	chī	통 먹다
12	出租车	chūzūchē	명 택시

D

13	打电话	dǎ diànhuà	전화를 걸다
14	大	dà	형 크다, 넓다
15	的	de	조 ~한, ~의(관형어 뒤에 사용됨)
16	点	diǎn	양 시(시간의 단위)
17	电脑	diànnǎo	명 컴퓨터
18	电视	diànshì	명 텔레비전
19	电影	diànyǐng	명 영화
20	东西	dōngxi	명 물건
21	都	dōu	부 모두, 전부
22	读	dú	통 읽다, 낭독하다
23	对不起	duìbuqǐ	통 미안합니다, 죄송합니다
24	多	duō	형 많다 부 얼마나
25	多少	duōshao	대 얼마, 몇

E

26	儿子	érzi	명 아들
27	二	èr	수 둘, 2

Ⓕ Ⓖ Ⓗ Ⓙ Ⓚ 🎧 X1-02

F

28	饭店	fàndiàn	명 호텔, 식당
29	飞机	fēijī	명 비행기
30	分钟	fēnzhōng	양 분 (시간의 양을 세는 단위)

G

31	高兴	gāoxìng	형 기쁘다, 즐겁다
32	个	gè	양 개, 명(개개의 사람이나 물건을 세는 단위)
33	工作	gōngzuò	통 일하다 명 직업, 일자리
34	狗	gǒu	명 강아지(동물)

H

35	汉语	Hànyǔ	명 중국어
36	好	hǎo	형 좋다
37	号	hào	양 번(차례, 순서를 나타내는 단위)
38	喝	hē	통 마시다
39	和	hé	접 ~과(와) 개 ~과(와)
40	很	hěn	부 매우, 대단히
41	后面	hòumiàn	명 뒤, 뒤쪽
42	回	huí	통 돌아오다, 되돌아가다
43	会	huì	조통 (배워서) ~할 수 있다, ~할 것이다

J

44	几	jǐ	대 몇 수 몇

45	家	jiā	몡 집, 가정
			먱 집 · 상점 등을 세는 단위
46	叫	jiào	동 외치다, 부르다, ~하게 하다
47	今天	jīntiān	몡 오늘
48	九	jiǔ	쉬 아홉, 9

K

49	开	kāi	동 열다, 켜다
50	看	kàn	동 보다
51	看见	kànjiàn	동 보다, 보이다
52	块	kuài	먱 덩이, 조각(덩어리로 된 물건을 세는 단위)

L M N P 🎧 X1-03

L

53	来	lái	동 오다
54	老师	lǎoshī	몡 선생님
55	了	le	좋 동사 또는 형용사 뒤에 쓰여 동작의 완료나 새로운 상황의 출현을 나타냄
56	冷	lěng	혱 춥다, 차다
57	里	li	몡 가운데, 안쪽
58	六	liù	쉬 여섯, 6

M

59	妈妈	māma	몡 엄마, 어머니
60	吗	ma	좋 문장 끝에 쓰여 의문의 어기를 나타냄
61	买	mǎi	동 사다, 구매하다
62	猫	māo	몡 고양이
63	没关系	méi guānxi	괜찮다, 문제 없다
64	没有	méiyǒu	뷔 ~않다
65	米饭	mǐfàn	몡 쌀밥
66	名字	míngzi	몡 이름

| 67 | 明天 | míngtiān | 몡 내일 |

N

68	哪	nǎ	때 어느
69	哪儿	nǎr	때 어디, 어느 곳
70	那	nà	때 그(것), 저(것)
71	呢	ne	좋 동작 · 상황의 지속 혹은 강조의 어기를 나타냄
72	能	néng	조동 ~할 수 있다 ~할 줄 안다
73	你	nǐ	때 너, 당신
74	年	nián	몡 년 먱 년, 해
75	女儿	nǚ'ér	몡 딸

P

76	朋友	péngyou	몡 친구
77	漂亮	piàoliang	혱 예쁘다, 아름답다
78	苹果	píngguǒ	몡 사과

Q R S T 🎧 X1-04

Q

79	七	qī	쉬 일곱, 7
80	前面	qiánmiàn	몡 앞쪽, 전면
81	钱	qián	몡 화폐, 돈
82	请	qǐng	동 청하다, 부탁하다
83	去	qù	동 가다

R

84	热	rè	혱 덥다, 뜨겁다
85	人	rén	몡 사람, 인간
86	认识	rènshi	동 알다, 인식하다

S

87	三	sān	㑞 셋, 3
88	商店	shāngdiàn	명 상점
89	上	shàng	명 위
90	上午	shàngwǔ	명 오전
91	少	shǎo	형 적다
92	谁	shéi	때 누구
93	什么	shénme	때 무슨, 무엇
94	十	shí	㑞 10, 열
95	时候	shíhou	명 때, 무렵
96	是	shì	동 ~이다
97	书	shū	명 책
98	水	shuǐ	명 물
99	水果	shuǐguǒ	명 과일
100	睡觉	shuìjiào	동 잠을 자다
101	说	shuō	동 말하다
102	四	sì	㑞 넷, 4
103	岁	suì	양 살, 세(나이를 세는 단위)

T

104	他	tā	때 그(남자), 그 사람
105	她	tā	때 그녀, 그 여자
106	太	tài	뷔 대단히, 너무
107	天气	tiānqì	명 날씨, 일기
108	听	tīng	동 듣다
109	同学	tóngxué	명 학우, 동창생

Ⓦ Ⓧ Ⓨ Ⓩ 🎧 X1-05

W

110	喂	wèi, wéi	감 이봐, 여보세요
111	我	wǒ	때 나, 저
112	我们	wǒmen	때 우리(들)
113	五	wǔ	㑞 다섯, 5

X

114	喜欢	xǐhuan	동 좋아하다, 호감을 가지다
115	下	xià	명 밑, 아래
116	下午	xiàwǔ	명 오후
117	下雨	xiàyǔ	동 비가 내리다
118	先生	xiānsheng	명 선생님, 씨(성인 남성에 대한 경칭)
119	现在	xiànzài	명 지금, 현재
120	想	xiǎng	조동 ~하고 싶다, ~하려고 하다
121	小	xiǎo	형 작다
122	小姐	xiǎojiě	명 아가씨, 젊은 여자
123	些	xiē	양 조금, 약간, 몇
124	写	xiě	동 (글씨를) 쓰다
125	谢谢	xièxie	동 감사합니다, 고맙습니다
126	星期	xīngqī	명 요일, 주
127	学生	xuésheng	명 학생
128	学习	xuéxí	동 공부하다, 배우다
129	学校	xuéxiào	명 학교

Y

130	一	yī	㑞 하나, 1
131	一点儿	yìdiǎnr	수량 조금, 약간
132	衣服	yīfu	명 옷, 의복
133	医生	yīshēng	명 의사
134	医院	yīyuàn	명 병원
135	椅子	yǐzi	명 의자
136	有	yǒu	동 있다, 소유하다
137	月	yuè	명 월, 달

Z

138	再见	zàijiàn	동 또 뵙겠습니다, 안녕히 계세요
139	在	zài	동 ~에 있다, 존재하다 / 개 ~에(서)
140	怎么	zěnme	때 어떻게, 어째서
141	怎么样	zěnmeyàng	때 어떠하다

142	这	zhè	대 이, 이것
143	中国	Zhōngguó	명 중국
144	中午	zhōngwǔ	명 정오
145	住	zhù	동 살다, 거주하다
146	桌子	zhuōzi	명 탁자, 책상
147	字	zì	명 문자, 글자
148	昨天	zuótiān	명 어제
149	坐	zuò	명 앉다, (교통 수단을) 타다
150	做	zuò	동 하다, 만들다

新 汉 语 水 平 考 试
HSK（一级）答题卡

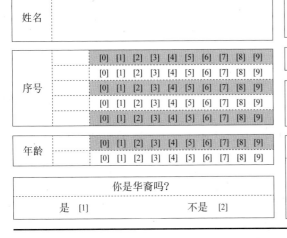

姓名		

国籍	[0] [1] [2] [3] [4] [5] [6] [7] [8] [9]
	[0] [1] [2] [3] [4] [5] [6] [7] [8] [9]
	[0] [1] [2] [3] [4] [5] [6] [7] [8] [9]

序号	[0] [1] [2] [3] [4] [5] [6] [7] [8] [9]
	[0] [1] [2] [3] [4] [5] [6] [7] [8] [9]
	[0] [1] [2] [3] [4] [5] [6] [7] [8] [9]
	[0] [1] [2] [3] [4] [5] [6] [7] [8] [9]
	[0] [1] [2] [3] [4] [5] [6] [7] [8] [9]

性别	男 [1]　　　　女 [2]

考点	[0] [1] [2] [3] [4] [5] [6] [7] [8] [9]
	[0] [1] [2] [3] [4] [5] [6] [7] [8] [9]
	[0] [1] [2] [3] [4] [5] [6] [7] [8] [9]

年龄	[0] [1] [2] [3] [4] [5] [6] [7] [8] [9]
	[0] [1] [2] [3] [4] [5] [6] [7] [8] [9]

你是华裔吗？

是 [1]　　　　　　不是 [2]

学习汉语的时间：

3个月以下 [1]　　　　3个月－6个月 [2]

6个月－1年 [3]　　　　1年－18个月 [4]

18个月－2年 [5]　　　　2年以上 [6]

注意	请用 2B 铅笔这样写： ▰

一、听 力

1. [✓] [✕]
2. [✓] [✕]
3. [✓] [✕]
4. [✓] [✕]
5. [✓] [✕]

6. [A] [B] [C]
7. [A] [B] [C]
8. [A] [B] [C]
9. [A] [B] [C]
10. [A] [B] [C]

11. [A] [B] [C] [D] [E] [F]
12. [A] [B] [C] [D] [E] [F]
13. [A] [B] [C] [D] [E] [F]
14. [A] [B] [C] [D] [E] [F]
15. [A] [B] [C] [D] [E] [F]

16. [A] [B] [C]
17. [A] [B] [C]
18. [A] [B] [C]
19. [A] [B] [C]
20. [A] [B] [C]

二、阅 读

21. [✓] [✕]
22. [✓] [✕]
23. [✓] [✕]
24. [✓] [✕]
25. [✓] [✕]

26. [A] [B] [C] [D] [E] [F]
27. [A] [B] [C] [D] [E] [F]
28. [A] [B] [C] [D] [E] [F]
29. [A] [B] [C] [D] [E] [F]
30. [A] [B] [C] [D] [E] [F]

31. [A] [B] [C] [D] [E] [F]
32. [A] [B] [C] [D] [E] [F]
33. [A] [B] [C] [D] [E] [F]
34. [A] [B] [C] [D] [E] [F]
35. [A] [B] [C] [D] [E] [F]

36. [A] [B] [C] [D] [E] [F]
37. [A] [B] [C] [D] [E] [F]
38. [A] [B] [C] [D] [E] [F]
39. [A] [B] [C] [D] [E] [F]
40. [A] [B] [C] [D] [E] [F]

新 汉 语 水 平 考 试
HSK （一级）答题卡

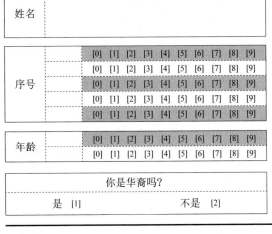

姓名	

国籍	[0] [1] [2] [3] [4] [5] [6] [7] [8] [9]
	[0] [1] [2] [3] [4] [5] [6] [7] [8] [9]
	[0] [1] [2] [3] [4] [5] [6] [7] [8] [9]

序号	[0] [1] [2] [3] [4] [5] [6] [7] [8] [9]
	[0] [1] [2] [3] [4] [5] [6] [7] [8] [9]
	[0] [1] [2] [3] [4] [5] [6] [7] [8] [9]
	[0] [1] [2] [3] [4] [5] [6] [7] [8] [9]
	[0] [1] [2] [3] [4] [5] [6] [7] [8] [9]

性别	男 [1]	女 [2]

考点	[0] [1] [2] [3] [4] [5] [6] [7] [8] [9]
	[0] [1] [2] [3] [4] [5] [6] [7] [8] [9]
	[0] [1] [2] [3] [4] [5] [6] [7] [8] [9]

年龄	[0] [1] [2] [3] [4] [5] [6] [7] [8] [9]
	[0] [1] [2] [3] [4] [5] [6] [7] [8] [9]

学习汉语的时间:

3个月以下 [1]　　　3个月－6个月 [2]

6个月－1年 [3]　　　1年－18个月 [4]

18个月－2年 [5]　　　2年以上 [6]

你是华裔吗?

是 [1]　　　　　不是 [2]

注意	请用 2B 铅笔这样写: ■■

新HSK

실전 모의고사

1급

동양북스

일단 합격
하고 오겠습니다

정반합 新HSK

1급

실전 모의고사

실전 모의고사 1·2·3회

주의사항

★ 新HSK 1급 총 시험 시간은 약 40분 (개인정보 작성 시간 5분 포함)
   * 각 영역별 중간 휴식 시간 없음.

★ 듣기 영역에 대한 답안기드 작성은 듣기 영역 시험 종료 후,
   정해진 시간 (3분) 안에 작성

★ 독해 영역에 대한 답안카드 작성은 독해 시험 시간 안에 작성
   (별도의 작성 시간 없음)

新汉语水平考试
HSK(一级)

全真模拟题 1

注　意

一、　HSK(一级)分两部分：

　　1. 听力(20题，约15分钟)

　　2. 阅读(20题，17分钟)

二、　听力结束后，有3分钟填写答题卡。

三、　全部考试约40分钟(含考生填写个人信息时间5分钟)。

中国　北京　　　　　　　　　　　　XXXX/XXXXXX　　编制

一、听 力

第 一 部 分

第1-5题

例如：		✓
		✗
1.		
2.		
3.		
4.		
5.		

第 二 部 分

第 6－10 题

例如：			
	A ✓	B	C
6.			
	A	B	C
7.			
	A	B	C

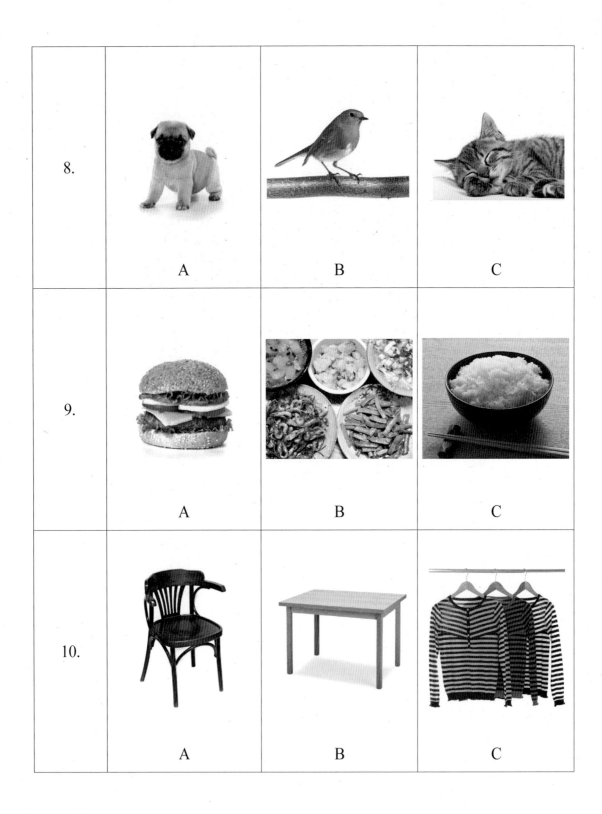

第 三 部 分

第 11－15 题

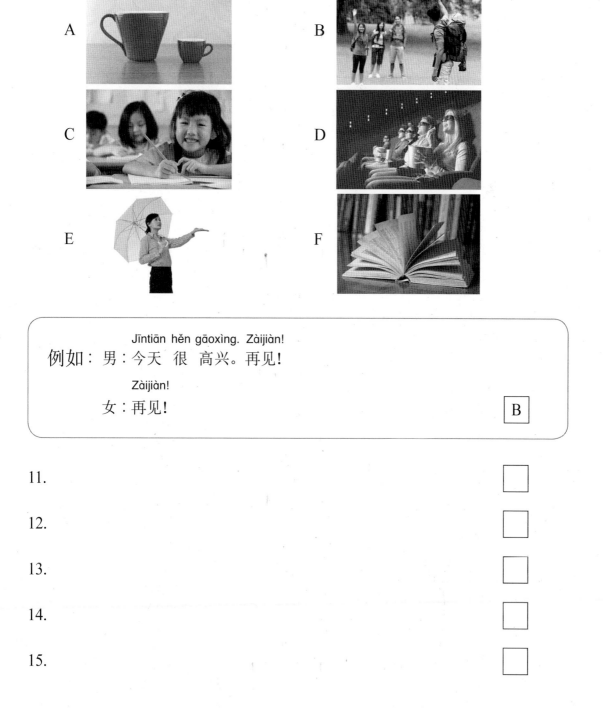

例如：男：今天 很 高兴。再见！

Jīntiān hěn gāoxìng. Zàijiàn!

女：再见！

Zàijiàn!

B

11.

12.

13.

14.

15.

9

第 四 部 分

第16-20题

例如：
Xiàwǔ wǒ qù shāngdiàn, wǒ xiǎng mǎi yìxiē shuǐguǒ.
下午 我 去 商店，我 想 买 一些 水果。

Tā xiàwǔ qù nǎlǐ?
问：她 下午 去 哪里？

  shāngdiàn   *yīyuàn*   *xuéxiào*
A 商店 ✓   B 医院   C 学校

16.
  Hànyǔ   *Hányǔ*   *Rìyǔ*
A 汉语   B 韩语   C 日语

17.
  dà de   *xiǎo de*   *piàoliang de*
A 大 的   B 小 的   C 漂亮 的

18.
  xīngqī'èr   *xīngqīsì*   *xīngqīyī*
A 星期二   B 星期四   C 星期一

19.
  hǎochī   *hěn duō*   *hěn shǎo*
A 好吃   B 很 多   C 很 少

20.
  sìshí suì   *sìshísì suì*   *shísì suì*
A 四十 岁   B 四十四 岁   C 十四 岁

二、阅　读

第　一　部　分

第 21 - 25 题

例如：		shū 书	✔
		diànshì 电视	✗
21.		jiā 家	
22.		yīshēng 医生	
23.		gāoxìng 高兴	
24.		xià yǔ 下 雨	
25.		cài 菜	

11

第 二 部 分

第 26 - 30 题

Tā zuò fēijī qù Běijīng gōngzuò.
例如：他 坐 飞机 去 北京 工作。　　 C

Wǒ érzi hěn ài kàn shū.
26. 我 儿子 很 爱 看 书。

Xuéxiào li yǒu hěn duō rén.
27. 学校 里 有 很 多 人。

Bàba zhèngzài dǎ diànhuà ne.
28. 爸爸 正在 打 电话 呢。

Zhuōzi shang yǒu kuài qián.
29. 桌子 上 有 10 块 钱。

Wǒ hěn xǐhuan kàn diànyǐng.
30. 我 很 喜欢 看 电影。

第 三 部 分

第 31-35 题

例如：
Nǐ hē chá ma?
你 喝 茶 吗? E

A 20 分钟。
fēnzhōng.

31. Nǐ érzi jīnnián jǐ suì le?
你 儿子 今年 几 岁 了? ☐

B 好吃。
Hǎochī.

32. Jīntiān tiānqì zěnmeyàng?
今天 天气 怎么样? ☐

C 下 雨。
Xià yǔ.

33. Píngguǒ hǎochī ma?
苹果 好吃 吗? ☐

D 12 岁。
suì.

34. Qù xuéxiào yào jǐ fēnzhōng?
去 学校 要 几 分钟? ☐

E 谢谢，我 不 喝。
Xièxie, wǒ bù hē.

35. Nǐ māma shì zuò shénme gōngzuò de?
你 妈妈 是 做 什么 工作 的? ☐

F 老师。
Lǎoshī.

13

第 四 部 分

第 36 - 40 题

<table>
<tr><td>xǐhuan</td><td>míngzi</td><td>rènshi</td><td>xīngqī</td><td>zěnmeyàng</td><td>lěng</td></tr>
<tr><td>A 喜欢</td><td>B 名字</td><td>C 认识</td><td>D 星期</td><td>E 怎么样</td><td>F 冷</td></tr>
</table>

Jīntiān shì　　tiān.
例如：今天 是（ D ）天。

Wǒ de　　　 jiào Lǐ Míng.
36. 我 的（　　）叫 李 明。

Hěn gāoxìng　　　　nǐ.
37. 很 高兴（　　）你。

Mǎlì hěn　　　xuéxí Hànyǔ.
38. 玛丽 很（　　）学习 汉语。

Zhège bēizi
39. 男：这个 杯子（　　）?

Hěn piàoliang.
女：很 漂亮。

Jīntiān tiānqì hǎo ma?
40. 女：今天 天气 好 吗?

Bú tài hǎo, hěn
男：不 太 好，很（　　）。

新汉语水平考试
HSK(一级)

全真模拟题 2

注 意

一、 HSK(一级)分两部分：

    1. 听力(20题，约15分钟)

    2. 阅读(20题，17分钟)

二、 听力结束后，有3分钟填写答题卡。

三、 全部考试约40分钟(含考生填写个人信息时间5分钟)。

中国　北京　　　　　　　　　　　ＸＸＸＸ/ＸＸＸＸＸＸ　　编制

一、听 力

第 一 部 分

第1-5题

例如：		✓
		✗
1.		
2.		
3.		
4.		
5.		

第 二 部 分

第 6 - 10 题

例如：	 A ✓	 B	 C
6.	 A	 B	 C
7.	 A	 B	 C

17

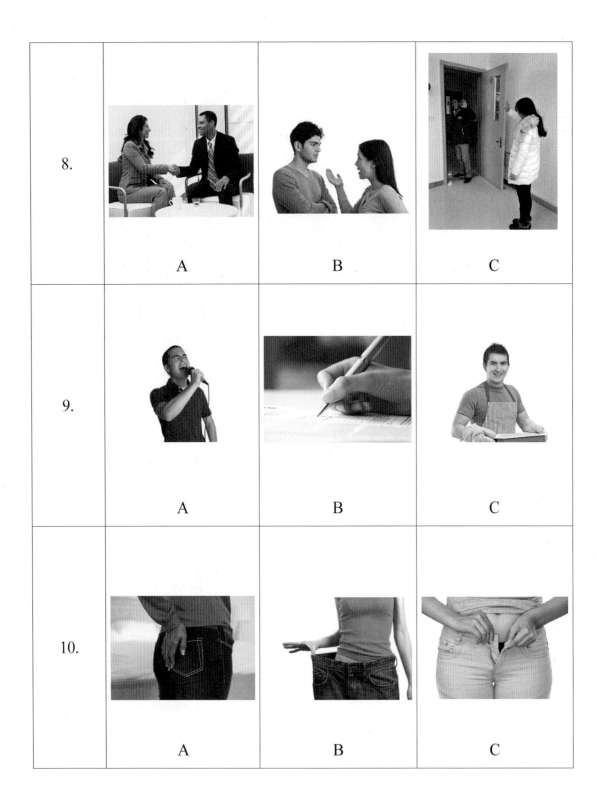

第 三 部 分

第11－15题

A

B

C 学

D

E

F

例如：男：Jīntiān hěn gāoxìng. Zàijiàn!
今天 很 高兴。再见!

女：Zàijiàn!
再见!

B

11. ☐

12. ☐

13. ☐

14. ☐

15. ☐

第 四 部 分

第16-20题

例如：
Xiàwǔ wǒ qù shāngdiàn, wǒ xiǎng mǎi yìxiē shuǐguǒ.
下午 我 去 商店，我 想 买 一些 水果。

Tā xiàwǔ qù nǎlǐ?
问：她 下午 去 哪里？

    shāngdiàn   yīyuàn   xuéxiào
A 商店 ✓   B 医院   C 学校

16.
    xīngqīyī   xīngqī'èr   xīngqīsān
A 星期一   B 星期二   C 星期三

17.
    chī fàn   hē chá   chī shuǐguǒ
A 吃 饭   B 喝 茶   C 吃 水果

18.
    wǔ suì   bā suì   liù suì
A 五 岁   B 八 岁   C 六 岁

19.
    qí zìxíngchē   shuìjiào   zuò fēijī
A 骑 自行车   B 睡觉   C 坐 飞机

20.
    Lǐ xiānsheng   Wáng xiǎojiě   tóngxué
A 李 先生   B 王 小姐   C 同学

二、阅 读

第 一 部 分

第 21-25 题

例如:		shū 书	✓
		diànshì 电视	✗
21.		fàndiàn 饭店	
22.		gǒu 狗	
23.		zhuōzi 桌子	
24.		tīng 听	
25.		fēijī 飞机	

第 二 部 分

第 26 - 30 题

例如： Tā zuò fēijī qù Běijīng gōngzuò.
他 坐 飞机 去 北京 工作。   C

26. Tā zài dǎ diànhuà.
他 在 打 电话。

27. Wǒmen xiàwǔ zuò chūzūchē qù.
我们 下午 坐 出租车 去。

28. Māma zài xuéxiào gōngzuò, shì ge lǎoshī.
妈妈 在 学校 工作，是 个 老师。

29. Wǒ néng xiě yìxiē Hànzì.
我 能 写 一些 汉字。

30. Tāmen shì péngyǒu.
他们 是 朋友。

第 三 部 分

第31-35题

Nǐ hē chá ma?

例如：你 喝 茶 吗？   E

diǎn zhōng qù
A 3点 钟 去。

Nǐ xiàwǔ shénme shíhou qù shāngdiàn?
31. 你 下午 什么 时候 去 商店？

Zuò fēijī.
B 坐 飞机。

Nǐ tóngxué jīnnián jǐ suì le?
32. 你 同学 今年 几 岁 了？

suì.
C 24 岁。

Nǐ zěnme lái Zhōngguó de?
33. 你 怎么 来 中国 的？

kuài.
D 7 块。

Nǐ xǐhuan chī shuǐguǒ ma?
34. 你 喜欢 吃 水果 吗？

Xièxie, wǒ bù hē.
E 谢谢，我 不 喝。

Zhège cài duōshao qián?
35. 这个 菜 多少 钱？

Bù xǐhuan.
F 不 喜欢。

23

第 四 部 分

第 36-40 题

    yīyuàn   shāngdiàn shuōhuà   xīngqī   bú kèqi   xuéxí

A 医院 B 商店 C 说话 D 星期 E 不客气 F 学习

      Jīntiān shì   tiān.

例如：今天 是 （ D ）天。

    Tā zuótiān zài xuéxiào

36. 她 昨天 在 学校 （ ）。

    Wéi, Zhāng yīshēng zài   ma?

37. 喂，张 医生 在 （ ）吗？

    Wǒ diǎn qù   diǎn fēn huílái.

38. 我 3 点 去 （ ），4 点 30 分 回来。

      Xièxie, wǒ hěn xǐhuan zhè běn shū.

39. 男：谢谢，我 很 喜欢 这 本 书。

  女：（ ）。

      Nǐ shénme shíhou xué huì   de?

40. 男：你 什么 时候 学 会 （ ）的？

     Zài wǒ liǎng suì de shíhou.

  女：在 我 两 岁 的 时候。

新汉语水平考试
HSK(一级)

全真模拟题 3

注　意

一、 HSK(一级)分两部分：

　　1. 听力(20题，约15分钟)

　　2. 阅读(20题，17分钟)

二、 听力结束后，有3分钟填写答题卡。

三、 全部考试约40分钟(含考生填写个人信息时间5分钟)。

中国　北京　　　　　　　　　　　　　XXXX/XXXXXX　　编制

一、听 力

第 一 部 分

第1-5题

例如:		✓
		✗
1.		
2.		
3.		
4.		
5.		

第 二 部 分

第6-10题

例如：	 A ✓	 B	 C
6.	 A	 B	 C
7.	 A	 B	 C

27

第 三 部 分

第11-15题

例如：男：今天 很 高兴。再见！
　　　Jīntiān hěn gāoxìng. Zàijiàn!

　　　女：再见！
　　　Zàijiàn!
　　　　　　　　　　　　　　　　　　　B

11.　　　　　　　　　　　　　　　　　　□

12.　　　　　　　　　　　　　　　　　　□

13.　　　　　　　　　　　　　　　　　　□

14.　　　　　　　　　　　　　　　　　　□

15.　　　　　　　　　　　　　　　　　　□

第 四 部 分

第16-20题

例如：
Xiàwǔ wǒ qù shāngdiàn, wǒ xiǎng mǎi yìxiē shuǐguǒ.
下午 我 去 商店，我 想 买 一些 水果。

问：
Tā xiàwǔ qù nǎlǐ?
她 下午 去 哪里？

shāngdiàn	yīyuàn	xuéxiào
A 商店 ✓	B 医院	C 学校

16.
xīngqīyī	xīngqí'èr	xīngqīsān
A 星期一	B 星期二	C 星期三

17.
zuò fàn	dú shū	shuō Hànyǔ
A 做饭	B 读书	C 说 汉语

18.
xià yǔ	rè	bù zhīdào
A 下雨	B 热	C 不 知道

19.
māma	bàba	tóngxué
A 妈妈	B 爸爸	C 同学

20.
Zhōngguó	Měiguó	Běijīng
A 中国	B 美国	C 北京

二、阅 读

第 一 部 分

第 21-25 题

例如：		shū 书	✓
		diànshì 电视	✗
21.		yīfu 衣服	
22.		zuò 做	
23.		shū 书	
24.		hē shuǐ 喝 水	
25.		lěng 冷	

第 二 部 分

第26-30题

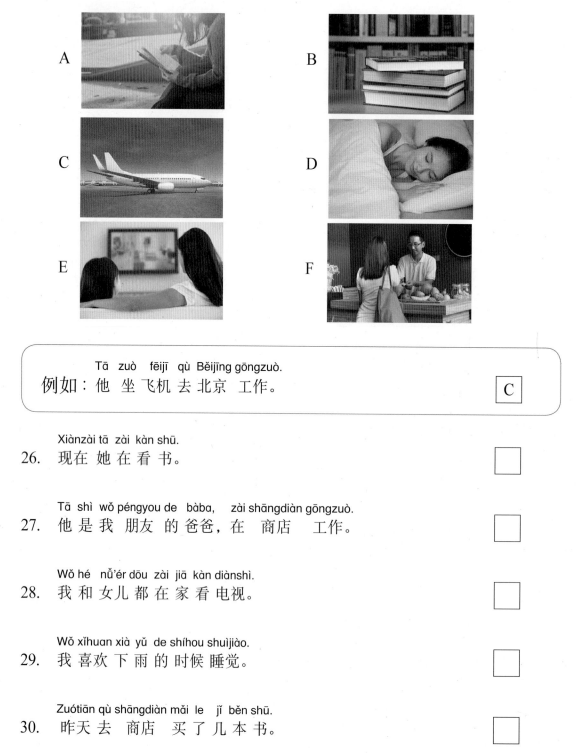

> Tā zuò fēijī qù Běijīng gōngzuò.
> 例如：他 坐 飞机 去 北京 工作。   C

Xiànzài tā zài kàn shū.
26. 现在 她 在 看 书。 □

Tā shì wǒ péngyou de bàba, zài shāngdiàn gōngzuò.
27. 他 是 我 朋友 的 爸爸，在 商店 工作。 □

Wǒ hé nǚ'ér dōu zài jiā kàn diànshì.
28. 我 和 女儿 都 在 家 看 电视。 □

Wǒ xǐhuan xià yǔ de shíhou shuìjiào.
29. 我 喜欢 下 雨 的 时候 睡觉。 □

Zuótiān qù shāngdiàn mǎi le jǐ běn shū.
30. 昨天 去 商店 买 了 几 本 书。 □

第 三 部 分

第31－35题

실전 모의고사 | 제3회

例如：
Nǐ hē chá ma?
你 喝 茶 吗？ [E]

A
kuài.
200 块。

31.
Xiànzài, wǒmen zěnme qù yīyuàn ne?
现在，我们 怎么 去 医院 呢？ [ ]

B
suì le
12 岁 了。

32.
Nǐ érzi jīnnián jǐ suì le?
你 儿子 今年 几 岁 了？ [ ]

C
Zuò chūzūchē qù.
坐 出租车 去。

33.
Nǐ xǐhuan shénmeyàng de chá?
你 喜欢 什么样 的 茶？ [ ]

D
Běijīngrén.
北京人。

34.
Tā shì nǎlǐ rén?
他 是 哪里 人？ [ ]

E
Xièxie, wǒ bù hē.
谢谢，我 不 喝。

35.
Nàxiē yīfu duōshao qián?
那些 衣服 多少 钱？ [ ]

F
Rè de, xièxie.
热 的，谢谢。

第 四 部 分

第 36–40 题

A 饭店　　B 学校　　C 写　　D 星期　　E 没 关系　　F 工作

fàndiàn　　xuéxiào　　xiě　　xīngqī　　méi guānxi　　gōngzuò

Jīntiān shì　　tiān.
例如： 今天 是 （ D ）天。

Wéi, Lǐ lǎoshī zài　　ma?
36. 喂，李 老师 在 （　　） 吗?

Wǒmen zhōngwǔ zài　　chī fàn.
37. 我们 中午 在 （　　） 吃 饭。

Nǚ'ér suì de shíhou huì　　yìxiē Hànzì.
38. 女儿 4 岁的 时候 会 （　　） 一些 汉字。

Duìbuqǐ,　　wǒ jīntiān bù néng hé nǐ huíqù le.
39. 男：对不起，我 今天 不 能 和 你 回去 了。

女：（　　）。

Xiànzài nǐ zài nǎr
40. 男：现在 你 在 哪儿 （　　）?

Zài yīyuàn qiánmiàn de fàndiàn li.
女：在 医院 前面 的 饭店 里。

新HSK

1급

정답 및
녹음 스크립트

〈제1회〉정답

一、听力

第一部分	1. ✓	2. ✓	3. ✗	4. ✗	5. ✓
第二部分	6. A	7. C	8. C	9. C	10. A
第三部分	11. D	12. F	13. E	14. A	15. C
第四部分	16. A	17. A	18. C	19. A	20. B

二、阅读

第一部分	21. ✓	22. ✗	23. ✗	24. ✗	25. ✓
第二部分	26. D	27. E	28. A	29. F	30. B
第二部分	31. D	32. C	33. B	34. A	35. F
第四部分	36. B	37. C	38. A	39. E	40. F

〈제2회〉정답

一、听力

第一部分	1. ✓	2. ✓	3. ✗	4. ✗	5. ✓
第二部分	6. B	7. A	8. C	9. B	10. B
第三部分	11. C	12. E	13. A	14. F	15. D
第四部分	16. A	17. C	18. C	19. B	20. A

二、阅读

第一部分	21. ✗	22. ✓	23. ✗	24. ✓	25. ✗
第二部分	26. F	27. D	28. B	29. E	30. A
第二部分	31. A	32. C	33. B	34. F	35. D
第四部分	36. F	37. A	38. B	39. E	40. C

〈제3회〉 정답

一、听力

第一部分   1. ✗   2. ✓   3. ✗   4. ✓   5. ✗

第二部分   6. C   7. B   8. A   9. A   10. B

第三部分   11. A   12. E   13. D   14. C   15. F

第四部分   16. B   17. C   18. A   19. B   20. A

二、阅读

第一部分   21. ✓   22. ✓   23. ✗   24. ✗   25. ✗

第二部分   26. A   27. F   28. E   29. D   30. B

第二部分   31. C   32. B   33. F   34. D   35. A

第四部分   36. B   37. A   38. C   39. E   40. F

〈제1회〉 녹음 스크립트

新汉语水平考试 HSK 一级
（全真模拟题 一）

大家好！欢迎参加 HSK（一级）考试。
大家好！欢迎参加 HSK（一级）考试。
大家好！欢迎参加 HSK（一级）考试。

HSK（一级）听力考试分四部分，共20题。
请大家注意，听力考试现在开始。

第 一 部 分

> 一共5个题，每题听两次。

例如： 喝茶

      坐飞机

现在开始第1题：

1. 很冷

2. 打电话

3. 去商店

4. 买苹果

5. 吃东西

第 二 部 分

一共5个题，每题听两次。

例如： 我昨天去了医院。

现在开始第6题：

6. 今天天气很好。

7. 他在看书呢。

8. 我的小猫在睡觉。

9. 米饭很好吃。

10. 这是我的椅子。

第 三 部 分

一共5个题，每题听两次。

例如：男：今天很高兴。再见！
　　　女：再见！

现在开始第11题：

11.女：电影怎么样？
　　男：很好。

12.男：这本书是谁的？
　　女：是我朋友的。

13. 女：今天一天都在下雨。
    男：是的，很冷。

14. 男：哪个杯子是你的？
    女：大的那个是我的。

15. 女：你女儿在哪儿？
    男：在学校上课。

第四部分

一共5个题，每题听两次。

例如： 下午我去商店，我想买一些水果。
    问：她下午去哪里？

现在开始第16题：

16. 我会说汉语。
    问：她会说什么？

17. 妈妈喜欢大杯子。
    问：妈妈喜欢什么样的杯子？

18. 今天星期一，我要去学校。
    问：今天星期几？

19. 她做的菜很好吃。
    问：她做的菜怎么样？

20. 我爸爸今年四十四岁了。
    问：爸爸今年多大？

听力考试现在结束。

〈제2회〉녹음 스크립트

新汉语水平考试 HSK 一级
（全真模拟题 二）

大家好！欢迎参加 HSK（一级）考试。
大家好！欢迎参加 HSK（一级）考试。
大家好！欢迎参加 HSK（一级）考试。

HSK（一级）听力考试分四部分，共20题。
请大家注意，听力考试现在开始。

第 一 部 分

一共5个题，每题听两次。

例如： 喝茶
　　　　坐飞机

现在开始第1题：

1. 在中国
2. 下午见
3. 七点十分
4. 睡觉
5. 写字

第 二 部 分

一共5个题，每题听两次。

例如： 我昨天去了医院。

现在开始第6题：

6. 你的杯子很漂亮。
7. 我在学校学习。
8. 王先生，再见。
9. 他在写东西。
10. 这件衣服太大了！

第 三 部 分

一共5个题，每题听两次。

例如： 男：今天很高兴。再见！
　　　　女：再见！

现在开始第11题：

11. 男：这个字怎么读？
　　　女："学"，"学习"的"学"。

12. 女：你喜欢北京吗？
　　　男：很喜欢。我爱中国。

13. 男：那位小姐是谁？
　　　女：她是我女儿。

14. 女：明天我想去学校。
　　　男：太好了，我们一起去吧。

15. 男：这件衣服多少钱？
　　　女：五十块。

第四部分

一共5个题，每题听两次。

例如：　下午我去商店，我想买一些水果。

　　　　问：她下午去哪里？

现在开始第16题：

16. 昨天是五月十七日，星期一。
　　问：昨天星期几？

17. 她爱吃水果，我喜欢喝茶。
　　问：她喜欢什么？

18. 我有一个儿子，今年六岁了。
　　问：儿子几岁了？

19. 上午他在睡觉。
　　问：上午他在做什么？

20. 中午的时候，他和李先生去饭店。
　　问：中午他和谁去饭店？

听力考试现在结束。

〈제3회〉녹음 스크립트

新汉语水平考试 HSK 一级
（全真模拟题 三）

大家好！欢迎参加 HSK（一级）考试。
大家好！欢迎参加 HSK（一级）考试。
大家好！欢迎参加 HSK（一级）考试。

HSK（一级）听力考试分四部分，共20题。
请大家注意，听力考试现在开始。

第 一 部 分

一共5个题，每题听两次。

例如： 喝茶
　　　 坐飞机

现在开始第1题：

1. 读书
2. 明天见
3. 8点30分
4. 同学
5. 开出租车

第 二 部 分

一共5个题，每题听两次。

例如： 我昨天去了医院。

现在开始第6题：

6. 他们在看电影。

7. 他在说话。

8. 叶小姐，认识你很高兴。

9. 我同学在学校看书。

10. 这家商店很大。

第 三 部 分

一共5个题，每题听两次。

例如： 男：今天很高兴。再见！
女：再见！

现在开始第11题：

11. 女：今天天气怎么样？
男：不是很好。

12. 男：你会说汉语吗？
女：我会说一点汉语。

13. 女：这个很漂亮，多少钱？
男：十块钱。

14. 男：上午你去哪儿了？
女：我去医院了。

15. 女：他是谁？

　　男：他是我的同学。

第四部分

一共5个题，每题听两次。

例如：下午我去商店，我想买一些水果。

　　　问：她下午去哪里？

现在开始第16题：

16. 今天是四月十八日，星期二。

　　问：今天星期几？

17. 她认识一些汉字，能说一些汉语。

　　问：她会什么？

18. 明天会下雨，天气很冷。

　　问：明天天气怎么样？

19. 上个月，儿子和爸爸去北京了。

　　问：儿子和谁去北京了？

20. 我有一个朋友，明年要去中国。

　　问：朋友要去哪儿？

听力考试现在结束。

- 목표 점수 _____점
- 목표 점수 달성일 _____년 _____월 _____일

祝你考试成功!
시험 잘 보세요!

新 汉 语 水 平 考 试
HSK （一级）答题卡

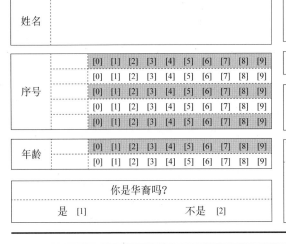

姓名	

国籍	[0] [1] [2] [3] [4] [5] [6] [7] [8] [9]
	[0] [1] [2] [3] [4] [5] [6] [7] [8] [9]
	[0] [1] [2] [3] [4] [5] [6] [7] [8] [9]

序号	[0] [1] [2] [3] [4] [5] [6] [7] [8] [9]
	[0] [1] [2] [3] [4] [5] [6] [7] [8] [9]
	[0] [1] [2] [3] [4] [5] [6] [7] [8] [9]
	[0] [1] [2] [3] [4] [5] [6] [7] [8] [9]
	[0] [1] [2] [3] [4] [5] [6] [7] [8] [9]

性别	男 [1]　　　　　女 [2]

考点	[0] [1] [2] [3] [4] [5] [6] [7] [8] [9]
	[0] [1] [2] [3] [4] [5] [6] [7] [8] [9]
	[0] [1] [2] [3] [4] [5] [6] [7] [8] [9]

年龄	[0] [1] [2] [3] [4] [5] [6] [7] [8] [9]
	[0] [1] [2] [3] [4] [5] [6] [7] [8] [9]

学习汉语的时间：

3个月以下 [1]	3个月－6个月 [2]
6个月－1年 [3]	1年－18个月 [4]
18个月－2年 [5]	2年以上 [6]

你是华裔吗？

是 [1]　　　　　　　　不是 [2]

注意	请用 2B 铅笔这样写：▬

一、听 力

1. [✓] [×]　　　　6. [A] [B] [C]　　　　11. [A] [B] [C] [D] [E] [F]　　　　16. [A] [B] [C]
2. [✓] [×]　　　　7. [A] [B] [C]　　　　12. [A] [B] [C] [D] [E] [F]　　　　17. [A] [B] [C]
3. [✓] [×]　　　　8. [A] [B] [C]　　　　13. [A] [B] [C] [D] [E] [F]　　　　18. [A] [B] [C]
4. [✓] [×]　　　　9. [A] [B] [C]　　　　14. [A] [B] [C] [D] [E] [F]　　　　19. [A] [B] [C]
5. [✓] [×]　　　　10. [A] [B] [C]　　　　15. [A] [B] [C] [D] [E] [F]　　　　20. [A] [B] [C]

二、阅 读

21. [✓] [×]　　　　26. [A] [B] [C] [D] [E] [F]　　　　31. [A] [B] [C] [D] [E] [F]　　　　36. [A] [B] [C] [D] [E] [F]
22. [✓] [×]　　　　27. [A] [B] [C] [D] [E] [F]　　　　32. [A] [B] [C] [D] [E] [F]　　　　37. [A] [B] [C] [D] [E] [F]
23. [✓] [×]　　　　28. [A] [B] [C] [D] [E] [F]　　　　33. [A] [B] [C] [D] [E] [F]　　　　38. [A] [B] [C] [D] [E] [F]
24. [✓] [×]　　　　29. [A] [B] [C] [D] [E] [F]　　　　34. [A] [B] [C] [D] [E] [F]　　　　39. [A] [B] [C] [D] [E] [F]
25. [✓] [×]　　　　30. [A] [B] [C] [D] [E] [F]　　　　35. [A] [B] [C] [D] [E] [F]　　　　40. [A] [B] [C] [D] [E] [F]

新 汉 语 水 平 考 试
HSK （一级）答题卡

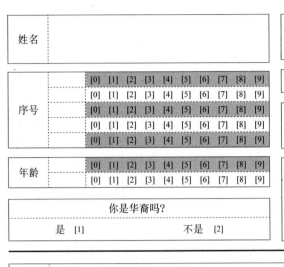

姓名	

国籍   [0] [1] [2] [3] [4] [5] [6] [7] [8] [9]
      [0] [1] [2] [3] [4] [5] [6] [7] [8] [9]
      [0] [1] [2] [3] [4] [5] [6] [7] [8] [9]

序号
 [0] [1] [2] [3] [4] [5] [6] [7] [8] [9]
 [0] [1] [2] [3] [4] [5] [6] [7] [8] [9]
 [0] [1] [2] [3] [4] [5] [6] [7] [8] [9]
 [0] [1] [2] [3] [4] [5] [6] [7] [8] [9]

性别   男 [1]   女 [2]

考点
 [0] [1] [2] [3] [4] [5] [6] [7] [8] [9]
 [0] [1] [2] [3] [4] [5] [6] [7] [8] [9]
 [0] [1] [2] [3] [4] [5] [6] [7] [8] [9]

年龄
 [0] [1] [2] [3] [4] [5] [6] [7] [8] [9]
 [0] [1] [2] [3] [4] [5] [6] [7] [8] [9]

学习汉语的时间:

3个月以下 [1]   3个月－6个月 [2]
6个月－1年 [3]   1年－18个月 [4]
18个月－2年 [5]   2年以上 [6]

你是华裔吗?

是 [1]   不是 [2]

注意   请用 2B 铅笔这样写: ■■

一、听 力

1. [✓] [×]   6. [A] [B] [C]   11. [A] [B] [C] [D] [E] [F]   16. [A] [B] [C]
2. [✓] [×]   7. [A] [B] [C]   12. [A] [B] [C] [D] [E] [F]   17. [A] [B] [C]
3. [✓] [×]   8. [A] [B] [C]   13. [A] [B] [C] [D] [E] [F]   18. [A] [B] [C]
4. [✓] [×]   9. [A] [B] [C]   14. [A] [B] [C] [D] [E] [F]   19. [A] [B] [C]
5. [✓] [×]   10. [A] [B] [C]   15. [A] [B] [C] [D] [E] [F]   20. [A] [B] [C]

二、阅 读

21. [✓] [×]   26. [A] [B] [C] [D] [E] [F]   31. [A] [B] [C] [D] [E] [F]   36. [A] [B] [C] [D] [E] [F]
22. [✓] [×]   27. [A] [B] [C] [D] [E] [F]   32. [A] [B] [C] [D] [E] [F]   37. [A] [B] [C] [D] [E] [F]
23. [✓] [×]   28. [A] [B] [C] [D] [E] [F]   33. [A] [B] [C] [D] [E] [F]   38. [A] [B] [C] [D] [E] [F]
24. [✓] [×]   29. [A] [B] [C] [D] [E] [F]   34. [A] [B] [C] [D] [E] [F]   39. [A] [B] [C] [D] [E] [F]
25. [✓] [×]   30. [A] [B] [C] [D] [E] [F]   35. [A] [B] [C] [D] [E] [F]   40. [A] [B] [C] [D] [E] [F]

新 汉 语 水 平 考 试
HSK（一级）答题卡

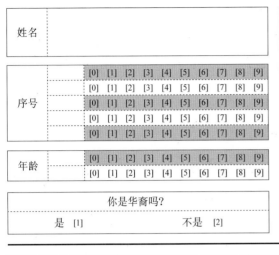

姓名	

国籍	[0] [1] [2] [3] [4] [5] [6] [7] [8] [9]
	[0] [1] [2] [3] [4] [5] [6] [7] [8] [9]
	[0] [1] [2] [3] [4] [5] [6] [7] [8] [9]

序号	[0] [1] [2] [3] [4] [5] [6] [7] [8] [9]
	[0] [1] [2] [3] [4] [5] [6] [7] [8] [9]
	[0] [1] [2] [3] [4] [5] [6] [7] [8] [9]
	[0] [1] [2] [3] [4] [5] [6] [7] [8] [9]
	[0] [1] [2] [3] [4] [5] [6] [7] [8] [9]

性别	男 [1] 女 [2]

考点	[0] [1] [2] [3] [4] [5] [6] [7] [8] [9]
	[0] [1] [2] [3] [4] [5] [6] [7] [8] [9]
	[0] [1] [2] [3] [4] [5] [6] [7] [8] [9]

年龄	[0] [1] [2] [3] [4] [5] [6] [7] [8] [9]
	[0] [1] [2] [3] [4] [5] [6] [7] [8] [9]

你是华裔吗?
是 [1]   不是 [2]

学习汉语的时间:

3个月以下 [1]   3个月－6个月 [2]

6个月－1年 [3]   1年－18个月 [4]

18个月－2年 [5]   2年以上 [6]

注意	请用 2B 铅笔这样写：■

一、听 力

1. [√] [×]   6. [A] [B] [C]   11. [A] [B] [C] [D] [E] [F]   16. [A] [B] [C]

2. [√] [×]   7. [A] [B] [C]   12. [A] [B] [C] [D] [E] [F]   17. [A] [B] [C]

3. [√] [×]   8. [A] [B] [C]   13. [A] [B] [C] [D] [E] [F]   18. [A] [B] [C]

4. [√] [×]   9. [A] [B] [C]   14. [A] [B] [C] [D] [E] [F]   19. [A] [B] [C]

5. [√] [×]   10. [A] [B] [C]   15. [A] [B] [C] [D] [E] [F]   20. [A] [B] [C]

二、阅 读

21. [√] [×]   26. [A] [B] [C] [D] [E] [F]   31. [A] [B] [C] [D] [E] [F]   36. [A] [B] [C] [D] [E] [F]

22. [√] [×]   27. [A] [B] [C] [D] [E] [F]   32. [A] [B] [C] [D] [E] [F]   37. [A] [B] [C] [D] [E] [F]

23. [√] [×]   28. [A] [B] [C] [D] [E] [F]   33. [A] [B] [C] [D] [E] [F]   38. [A] [B] [C] [D] [E] [F]

24. [√] [×]   29. [A] [B] [C] [D] [E] [F]   34. [A] [B] [C] [D] [E] [F]   39. [A] [B] [C] [D] [E] [F]

25. [√] [×]   30. [A] [B] [C] [D] [E] [F]   35. [A] [B] [C] [D] [E] [F]   40. [A] [B] [C] [D] [E] [F]

新HSK
실전 모의고사
1급

외국어 출판 40년의 신뢰
외국어 전문 출판 그룹
동양북스가 만드는 책은 다릅니다.

40년의 쉼 없는 노력과 도전으로 책 만들기에 최선을 다해온 동양북스는
오늘도 미래의 가치에 투자하고 있습니다.
대한민국의 내일을 생각하는 도전 정신과 믿음으로 최선을 다하겠습니다.

📖 동양북스

📖 동양북스 추천 교재

일본어 교재의 최강자, 동양북스 추천 교재

회화 코스북

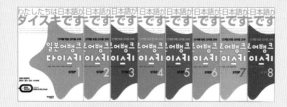

일본어뱅크 다이스키
STEP 1·2·3·4·5·6·7·8

일본어뱅크
좋아요 일본어 1·2·3

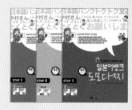

일본어뱅크 도모다찌
STEP 1·2·3

분야서

일본어뱅크
NEW 스타일 일본어 문법

일본어뱅크
일본어 작문 초급

일본어뱅크
사진과 함께하는
일본 문화

일본어뱅크
항공 서비스 일본어

가장 쉬운 독학
일본어 현지회화

수험서

일취월장 JPT
독해·청해

일취월장 JPT
실전 모의고사 500·700

일단 합격하고 오겠습니다
JLPT 일본어능력시험
N1·N2·N3·N4·N5

일단 합격하고 오겠습니다
JLPT 일본어능력시험
실전모의고사 N1·N2·N3·N4/5

단어·한자

특허받은
일본어 한자 암기박사

일본어 상용한자 2136
이거 하나면 끝!

일본어뱅크
New 스타일 일본어 한자 1·2

가장 쉬운 독학
일본어 단어장

일단 합격하고 오겠습니다
JLPT 일본어능력시험
단어장 N1·N2·N3

중국어 교재의 최강자, 동양북스 추천 교재

중국어뱅크 북경대학 신한어구어
1·2·3·4·5·6

중국어뱅크 스마트중국어
STEP 1·2·3·4

중국어뱅크 집중중국어
STEP 1·2·3·4

중국어뱅크
문화중국어 1·2

중국어뱅크
관광 중국어 1·2

중국어뱅크
여행실무 중국어

중국어뱅크
호텔 중국어

중국어뱅크
판매 중국어

중국어뱅크
항공 서비스 중국어

중국어뱅크
시청각 중국어

정반합 新HSK
1급·2급·3급·4급·5급·6급

버전업! 新HSK 한 권이면 끝
3급·4급·5급·6급

버전업! 新HSK
VOCA 5급·6급

가장 쉬운 독학 중국어 단어장

중국어뱅크
중국어 간체자 1000

특허받은
중국어 한자 암기박사

📖 동양북스 추천 교재

중고급 학습

첫걸음 끝내고 보는
프랑스어
중고급의 모든 것

첫걸음 끝내고 보는
스페인어
중고급의 모든 것

첫걸음 끝내고 보는
독일어
중고급의 모든 것

첫걸음 끝내고 보는
태국어
중고급의 모든 것

단어장

버전업! 가장 쉬운
프랑스어 단어장

버전업! 가장 쉬운
스페인어 단어장

버전업! 가장 쉬운
독일어 단어장

여행 회화

NEW 후다닥
여행 중국어

NEW 후다닥
여행 일본어

NEW 후다닥
여행 영어

NEW 후다닥
여행 독일어

NEW 후다닥
여행 프랑스어

NEW 후다닥
여행 스페인어

NEW 후다닥
여행 베트남어

NEW 후다닥
여행 태국어

수험서·교재

한 권으로 끝내는 DELE
어휘·쓰기·관용구편 (B2~C1)

수능 기초 베트남어
한 권이면 끝!

버전업!
스마트 프랑스어

일단 합격하고 오겠습니다
독일어능력시험
A1 · A2 · B1 · B2(근간 예정)

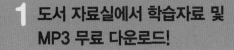

500만 독자가 선택한

가장 쉬운
독학 일본어 첫걸음
14,000원

가장 쉬운
독학 중국어 첫걸음
14,000원

가장 쉬운
독학 베트남어 첫걸음
15,000원

가장 쉬운
독학 스페인어 첫걸음
15,000원

가장 쉬운
독학 프랑스어 첫걸음
16,500원

가장 쉬운
독학 태국어 첫걸음
16,500원

가장 쉬운
프랑스어 첫걸음의 모든 것
17,000원

가장 쉬운
독일어 첫걸음의 모든 것
18,000원

가장 쉬운
스페인어 첫걸음의 모든 것
14,500원

첫걸음 베스트 1위!

가장 쉬운 러시아어
첫걸음의 모든 것
16,000원

가장 쉬운 이탈리아어
첫걸음의 모든 것
17,500원

가장 쉬운 포르투갈어
첫걸음의 모든 것
18,000원

버전업! 가장 쉬운
베트남어 첫걸음
16,000원

가장 쉬운 터키어
첫걸음의 모든 것
16,500원

버전업! 가장 쉬운
아랍어 첫걸음
18,500원

가장 쉬운 인도네시아어
첫걸음의 모든 것
18,500원

버전업! 가장 쉬운
태국어 첫걸음
16,800원

가장 쉬운 영어
첫걸음의 모든 것
16,500원

버전업! 굿모닝
독학 일본어 첫걸음
14,500원

가장 쉬운 중국어
첫걸음의 모든 것
14,500원

오늘부터는 팟캐스트로 공부하자!

팟캐스트 무료 음성 강의

▶▶ 1
iOS 사용자

Podcast 앱에서
'동양북스' 검색

▶▶ 2
안드로이드 사용자

플레이스토어에서 '팟빵' 등
팟캐스트 앱 다운로드,
다운받은 앱에서
'동양북스' 검색

▶▶ 3
PC에서

팟빵(www.podbbang.com)에서
'동양북스' 검색
애플 iTunes 프로그램에서
'동양북스' 검색

◉ **현재 서비스 중인 강의 목록** (팟캐스트 강의는 수시로 업데이트 됩니다.)

- 가장 쉬운 독학 일본어 첫걸음
- 가장 쉬운 독학 중국어 첫걸음
- 가장 쉬운 독학 베트남어 첫걸음
- 페이의 적재적소 중국어
- 중국어 한글로 시작해

매일 매일 업데이트 되는 동양북스 SNS! 동양북스의 새로운 소식과 다양한 정보를 만나보세요.

blog blog.naver.com/dymg98　　instagram instagram.com/dybooks　　facebook facebook.com/dybooks　　twitter twitter.com/dy_book

일단 합격
하고 오겠습니다

정반합 新HSK

1급

해설서

동양북스

정반합 新HSK 1급 해설서

초판 2쇄 | 2019년 9월 5일

지은이 | 张雯, 孙春颖
해 설 | 진윤영
발행인 | 김태웅
편집장 | 강석기
편 집 | 정지선, 김다정
디자인 | 방혜자, 김효정, 서진희, 강은비
마케팅 | 나재승
제 작 | 현대순

발행처 | (주)동양북스
등 록 | 제 2014-000055호(2014년 2월 7일)
주 소 | 서울시 마포구 동교로22길 14(04030)
구입 문의 | 전화 (02)337-1737   팩스 (02)334-6624
내용 문의 | 전화 (02)337-1762   dybooks2@gmail.com

ISBN 979-11-5768-241-6 14720
ISBN 979-11-5768-233-1 (세트)

张雯，孙春颖 主编 2015年
本作品是浙江教育出版社出版的《新汉语水平考试教程》。韩文版经由中国·浙江教育出版社授权
DongYang Books于全球独家出版发行，保留一切权利。未经书面许可，任何人不得复制、发行。

http://www.dongyangbooks.com

목차

新HSK

1급

해설서

 미리보기 해석

🔔 제1부분 🎧 MP3-01 　　　　　　　　　　　　　　　》 전략서 28p

	hē chá 喝 茶 　　(✓) 차를 마시다
	zuò fēijī 坐 飞机 　　(×) 비행기를 타다

01. 사진을 보고 짧은 구(句)의 유형 예상하기

🏃 유형 확인 문제 🎧 MP3-03 　　　　　　　》 전략서 29p

	liù diǎn shí fēn 六点 十分 　　(✓) 6시 10분

단어 六 liù ㊄ 여섯, 6 | 点 diǎn ⑱ 시 | 十 shí ㊄ 열, 10 | 分 fēn ⑱ 분

해설 시계 사진을 보고 녹음 내용이 시간과 관련될 것을 바로 생각해야 한다. 사진에 보여지는 시각을 먼저 확인하고 녹음을 들을 때 숫자를 주의해서 듣자. 녹음 내용이 '六点十分(6시 10분)'이므로 사진과 일치한다.

실전 연습 1 − 제1부분 🎧 MP3-09 　　　　　　》 전략서 36p

정답 　1 ×　　2 ✓　　3 ×　　4 ×　　5 ×

1 	chī píngguǒ 吃 苹果 　　(×) 사과를 먹다

| 단어 | 吃 chī 图 먹다 | 苹果 píngguǒ 图 사과 |

| 해설 | 사진은 사과를 먹는 사진이 아닐 뿐만 아니라, 사물이 귤이므로 정답은 X다.

2

lǎoshī hǎo
老师 好　（ ✓ ）

선생님 안녕하세요

| 단어 | 老师 lǎoshī 图 선생님 | 好 hǎo 图 안녕하다 |

| 해설 | 사진 속 인물들을 살펴보면 아이들이 선생님 앞에 서 있는 것으로 보아, 선생님께 인사하는 녹음 내용을 유추할 수 있다. 따라서 정답은 ✓다.

3

kàn diànyǐng
看 电影　（ × ）

영화를 보다

| 단어 | 看 kàn 图 보다 | 电影 diànyǐng 图 영화 |

| 해설 | 녹음 내용은 '동사 + 명사' 조합으로 '看电影(영화를 보다)'이지만 사진은 텔레비전을 보는 상황이므로 정답은 X다.

4

liù diǎn bàn
六点 半　（ × ）

6시 반

| 단어 | 六 liù 图 여섯, 6 | 点 diǎn 图 시 | 半 bàn 图 절반, 2분의 1 |

| 해설 | 사진 속 시계는 6시를 나타내고 있으므로 녹음 내용과 일치하지 않는다. 따라서 정답은 X다.

5

hǎo tiānqì
好 天气　（ × ）

좋은 날씨

| 단어 | 好 hǎo 图 좋다 | 天气 tiānqì 图 날씨 |

| 해설 | 사진 속 날씨는 바람이 불어 나무가 흔들리고 있으므로 정답은 X다.

정답 1 √   2 ×   3 √   4 ×   5 √

1

Zhōngguó cài
中国 菜   (√)

중국 요리

단어 **中国** Zhōngguó 고유 중국 | **菜** cài 명 요리

해설 사진 속 음식과 녹음 내용이 모두 '중국 요리'이므로 정답은 √다.

2

xuéxí
学习   (×)

공부하다

단어 **学习** xuéxí 동 학습하다, 공부하다, 배우다

해설 사진 속 인물은 농구를 하고(打篮球 dǎ lánqiú) 있으므로 정답은 X다.

3

kàn shū
看 书   (√)

책을 보다

단어 **看** kàn 동 보다 | **书** shū 명 책

해설 사진 속 인물이 책을 보고 있는 모습과 녹음 내용이 일치하므로 정답은 √다.

4

qù fàndiàn
去 饭店   (×)

식당에 가다

단어 **去** qù 동 가다 | **饭店** fàndiàn 명 식당

해설 사진 속 인물은 등산을 하고(爬山 páshān) 있으므로 정답은 X다.

5

wǔ diǎn bàn
五 点 半   (✓)

5시 반

단어 五 wǔ ㈜ 다섯, 5 | 点 diǎn ⑱ 시 | 半 bàn ⑲ 절반, 2분의 1

해설 사진 속 시간과 녹음 내용이 모두 '五点半(다섯시 반)'이므로 정답은 ✓다.

Memo

제2부분

>> 전략서 40p

🎧 제2부분 MP3-11

A √	B	C

Wǒ zuótiān qùle yīyuàn. 我 昨天 去了 医院。	저는 어제 병원에 갔습니다. (A)

01. 보기 사진으로 문제 예상하기

  MP3-13

>> 전략서 41p

정답 1 C 2 B

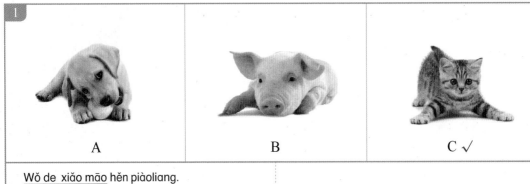

1		
A	B	C √

Wǒ de xiǎo māo hěn piàoliang. 我 的 小 猫 很 漂亮。	저의 고양이는 매우 예쁩니다. (C)

단어 的 de 조 ~의(관형어 뒤에 쓰여, 관형어와 중심어 사이가 일반적인 수식 관계임을 나타냄) | 小 xiǎo 형 (나이 등이) 적다, 어리다 | 猫 māo 명 고양이 | 很 hěn 분 매우, 대단히 | 漂亮 piàoliang 형 예쁘다, 아름답다, 보기 좋다

해설 3장의 동물 사진을 보고 녹음에서 '강아지 狗 gǒu', '돼지 猪 zhū', '고양이 猫 māo' 중 하나가 나올 것을 예상할 수 있다. 녹음의 '我的小猫(나의 고양이)'와 일치하는 사진은 C다.

2

A

B √

C

| Mǎlì   zài xuéxiào.
玛丽 在 学校。 | 마리는 학교에 있습니다. | (B) |

단어 在 zài 图 ~에 있다 | 学校 xuéxiào 명 학교

해설 사진 3장은 각각 '은행 银行 yínháng', '학교 学校 xuéxiào', '집 家 jiā'로 모두 장소이다. 따라서 녹음이 짧은 구 혹은 인물이 있는 장소를 언급할 것을 예상할 수 있다. '在学校(학교에서)'를 통해 어렵지 않게 정답 사진을 선택할 수 있다.

실전 연습 1 - 제2부분 🎧 MP3-15

≫ 전략서 44p

정답 6 A   7 C   8 C   9 B   10 B

6

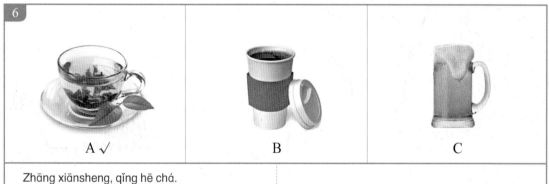

A √   B   C

| Zhāng xiānsheng, qǐng hē chá.
张   先生， 请 喝 茶。 | 장 선생님, 차 드세요. | (A) |

단어 先生 xiānsheng 명 선생님, 씨(성인 남성에 대한 경칭) | 请 qǐng 图 ~하세요 | 喝 hē 图 마시다 | 茶 chá 명 차

해설 차를 마시라고 상대방에게 권하고 있는 말을 근거로 '茶(차)' 사진인 A가 정답이다.

7

Wǒ bàba shì lǎoshī.
我 爸爸 是 老师。 　　　　　　 우리 아버지는 선생님입니다. 　　(C)

단어 爸爸 bàba 몡 아빠, 아버지 | 是 shì 동 ~이다 | 老师 lǎoshī 몡 선생님

해설 녹음 속 단어 '老师(선생님)'와 가장 일치하는 사진은 C다.

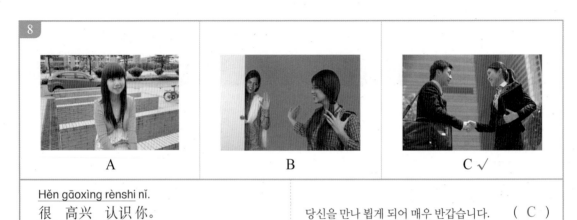

8

Hěn gāoxìng rènshi nǐ.
很 高兴 认识 你。 　　　　　　 당신을 만나 뵙게 되어 매우 반갑습니다. 　(C)

단어 很 hěn 뷔 매우, 대단히 | 高兴 gāoxìng 톙 기쁘다 | 认识 rènshi 동 알다, 인식하다.

해설 녹음 내용이 처음 만났을 때 인사를 나누는 문장이므로 정답은 C다.

9

Nàge xuésheng hěn piàoliang.
那个 学生 很 漂亮。 　　　　　　 저 학생은 예쁩니다. 　　(B)

단어 那个 nàge 떼 그(저) 사람, 그(저)것 | 学生 xuésheng 몡 학생 | 很 hěn 뷔 매우, 대단히 | 漂亮 piàoliang 톙 예쁘다, 아름답다

해설 녹음 내용은 사람에 대한 묘사를 하고 있으며, '学生(학생)'이라는 단어가 나오므로 정답은 B다.

A	B ✓	C

Wǒ nǚ'ér shì xiǎoxuéshēng.
我 女儿 是 小学生。

제 딸은 초등학생입니다.　　　　(B)

단어 女儿 nǚ'ér 몡 딸 | 是 shì 동 ~이다 | 小学生 xiǎoxuéshēng 몡 초등학생

해설 녹음 속 핵심어는 '女儿(딸)'이다. '小学生(초등학생)'이라는 단어를 모르더라도 핵심어를 통해 어렵지 않게 정답 사진을 선택할 수 있다.

실전 연습 2 – 제2부분 🎧 MP3-16　　　　　》전략서 45p

정답　6 C　7 A　8 B　9 B　10 A

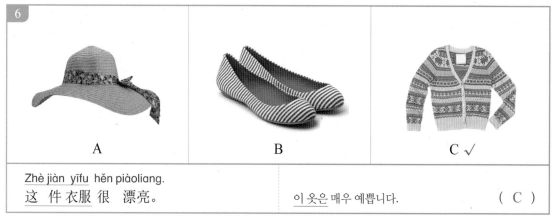

A	B	C ✓

Zhè jiàn yīfu hěn piàoliang.
这 件 衣服 很 漂亮。

이 옷은 매우 예쁩니다.　　　　(C)

단어 这 zhè 떼 이것 | 件 jiàn 양 벌, 개 | 衣服 yīfu 몡 옷 | 很 hěn 뮈 매우, 대단히 | 漂亮 piàoliang 혱 예쁘다, 아름답다, 보기 좋다

해설 녹음 속 '衣服(옷)'와 양사 '件(벌)' 만으로도 정답이 C임을 알 수 있다. 참고로 A는 모자(帽子 màozi)로 양사는 '顶 dǐng'을 사용하며 B는 신발(鞋 xié)로 양사 '双 shuāng'을 사용한다.

A ✓	B	C

Wǒ de péngyou <u>shì lǎoshī</u>.
我 的 朋友 <u>是 老师</u>。　　　제 친구는 선생님입니다.　　　(A)

단어　的 de 图 ~의(관형어 뒤에 쓰여, 관형어와 중심어 사이가 일반적인 수식 관계임을 나타냄) | 朋友 péngyou 멩 친구 | 是 shì 图 ~이다 | 老师 lǎoshī 멩 선생님

해설　'老师(선생님)'라는 단어를 통해 정답이 A임을 바로 알 수 있다.

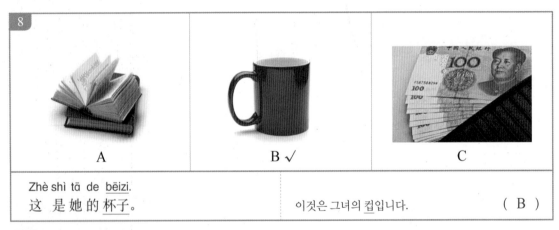

A	B ✓	C

Zhè shì tā de <u>bēizi</u>.
这 是 她的 <u>杯子</u>。　　　이것은 그녀의 <u>컵</u>입니다.　　　(B)

단어　这 zhè 때 이것 | 是 shì 图 ~이다 | 的 de 图 ~의(관형어 뒤에 쓰여, 관형어와 중심어 사이가 일반적인 수식 관계임을 나타냄) | 杯子 bēizi 멩 잔, 컵

해설　핵심어 '杯子(컵)'를 통해 정답이 B임을 바로 알 수 있다.

A	B ✓	C

Xiǎo Lǐ, <u>zàijiàn</u>!
小 李, <u>再见</u>!　　　샤오리, <u>안녕히 가세요</u>!　　　(B)

단어 小 xiǎo 형 군, 양(성이나 이름 앞에 붙여 친근함을 나타냄) | 再见 zàijiàn 동 또 뵙겠습니다, 안녕히 계세요(가세요)

해설 '再见'은 헤어질 때 하는 인사이므로 정답은 B다.

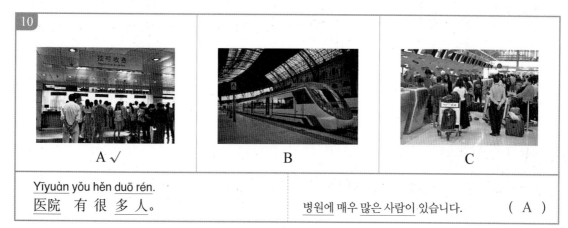

A ✓	B	C

Yīyuàn yǒu hěn duō rén.
医院　有　很　多　人。

병원에 매우 많은 사람이 있습니다. 　　（ A ）

단어 医院 yīyuàn 명 병원 | 有 yǒu 동 있다 | 很 hěn 부 매우, 대단히 | 多 duō 형 (수량이) 많다 | 人 rén 명 사람

해설 녹음 속 '多人(많은 사람)'과 관련된 사진은 A와 C이나, 핵심어인 '医院(병원)' 단어를 이해했다면 정답이 A임을 알 수 있다. B는 '기차 火车 huǒchē'와 관련 있는 사진이므로 정답이 될 수 없다.

 미리보기 | 해석

🔔 제3부분 🎧 MP3-17

》 전략서 48p

男 : Jīntiān hěn gāoxìng. Zàijiàn!
今天 很 高兴。 再见!
女 : Zàijiàn!
再见!

남 : 오늘 즐거웠어요. 안녕히 가세요!

여 : 안녕히 가세요!

B

실전 연습 1 – 제3부분 🎧 MP3-22

》 전략서 56p

정답   11 D   12 A   13 B   14 C   15 E

11 – 15

A

B

C

D

E

11

女 : Nǐ yào qù nǎr?
你 要 去 哪儿?
男 : Wǒ yào qù fàndiàn chī fàn.
我 要 去 饭店 吃饭。

여 : 당신은 어디 가요?

남 : 저는 <u>밥 먹으러 식당에 가려고요.</u>

D

단어 要 yào 조동 ~하려고 하다 | 去 qù 동 가다 | 哪儿 nǎr 데 어디, 어느 곳 | 饭店 fàndiàn 명 식낭 | 吃 chī 동 먹다 | 饭 fàn 명 밥, 식사

해설 여자의 질문에 남자가 밥을 먹으러 식당에 가려 한다고 하였으므로 식당 사진인 D가 정답이다.

12

Nǐ chī shuǐguǒ ma?
男 : 你 吃 水果 吗？
남 : 과일을 드시겠어요?

Hǎo de, xièxie.
女 : 好 的，谢谢。
여 : 좋아요, 감사합니다.

A

단어 吃 chī 동 먹다 | 水果 shuǐguǒ 명 과일 | 谢谢 xièxie 동 감사합니다, 고맙습니다

해설 핵심어인 '水果(과일)'를 통해 정답이 A임을 알 수 있다.

13

Qǐngwèn yào diǎn shénme?
女 : 请问 要 点 什么？
여 : 무엇을 주문하시겠어요?

Wǒ yào yì wǎn mǐfàn.
男 : 我 要 一 碗 米饭。
남 : 밥 한 공기 주세요.

B

단어 请问 qǐngwèn 동 말씀 좀 여쭙겠습니다 | 要 yào 조동 ~하려고 하다 | 点 diǎn 동 주문하다 | 什么 shénme 데 무엇 | 要 yào 동 원하다 | 一 yī 수 하나, 1 | 碗 wǎn 양 그릇, 공기 | 米饭 mǐfàn 명 밥, 쌀밥

해설 남자가 여자에게 밥 한 공기를 달라고 하였으므로 공기밥 사진 B가 정답이다.

14

Nǐ nǚ'ér jǐ suì le?
男 : 你 女儿 几 岁 了？
남 : 당신 딸은 몇 살인가요?

Tā jīnnián suì, shàng xiǎoxué yì niánjí.
女 : 她 今年 7 岁，上 小学 一 年级。
여 : 올해 7살로, 초등학교 1학년에 다녀요.

C

단어 女儿 nǚ'ér 명 딸 | 几 jǐ 수 몇 | 岁 suì 명 살, 세 | 今年 jīnnián 명 올해, 금년 | 七 qī 수 일곱, 7 | 上 shàng 동 (어떤 활동을) 하다 | 小学 xiǎoxué 명 초등학교 | 一 yī 수 하나, 1 | 年级 niánjí 명 학년

해설 딸의 나이에 대해 묻고 있는 남자의 말을 근거로 여자 아이 사진인 C가 정답이다.

15

Wéi, nǐ hǎo, qǐngwèn shì Lǐ Míng ma?
女 : 喂，你 好，请问 是 李 明 吗？
여 · 여보세요, 안녕히 세요, 실례지만 리밍이신가요?

Shì de, wǒ jiù shì.
男 : 是 的，我 就 是。
남 : 네, 저예요.

E

단어 喂 wéi 감 (전화상에서)여보세요 | 你好 nǐ hǎo 안녕하세요, 안녕 | 请问 qǐngwèn 동 말씀 좀 여쭙겠습니다 | 是 shì 동 ~이다 | 就 jiù 부 바로

해설 녹음 속 '喂(여보세요)'라는 단어를 미루어 전화를 하는 상황임을 알 수 있으므로 사진 E가 정답이다.

정답　11 B　12 D　13 A　14 C　15 E

11 – 15

A

B

C

D

E

11

男 : Zhè zhāng zhuōzi duōshao qián?
这　张　桌子　多少　钱?

女 : kuài.
500　块。

남 : 이 책상은 얼마예요?

여 : 500위안입니다.

B

단어　这 zhè 떼 이것 | 张 zhāng 떼 평면이 두드러진 것을 세는 단위 | 桌子zhuōzi 떼 탁자, 책상 | 多少 duōshao 떼 얼마, 몇 | 钱 qián 떼 화폐, 돈 | 块 kuài 떼 위안(중국 화폐 단위)

해설　녹음 속 핵심어 '桌子(탁자)'를 통해 정답이 B임을 바로 알 수 있다.

Tip　▶ 중국의 화폐 단위

块 kuài 위안(= 元 yuán)	중국 돈을 세는 가장 큰 단위
毛 máo 마오(= 角 jiǎo)	块보다 작은 단위(10毛 = 1块)
分 fēn 펀	중국 돈을 세는 가장 작은 단위(10分 = 1毛)

12

女 : Nǐ jiā yǒu jǐ kǒu rén?
你 家 有 几 口 人?

여 : 당신 가족은 몇 명이에요?

男 : Sān kǒu rén, bàba, māma hé wǒ.
三 口 人, 爸爸, 妈妈 和 我。

남 : 세 명이에요, 아빠, 엄마, 그리고 저입니다. | D |

> **단어** 家 jiā 몡 집 | 有 yǒu 툉 있다 | 几 jǐ 쥐 몇 | 口 kǒu 얭 식구를 세는 단위 | 人 rén 몡 사람 | 三 sān 쥐 셋, 3 | 爸爸 bàba 몡 아빠, 아버지 | 妈妈 māma 몡 엄마, 어머니 | 和 hé 젭 ~와

> **해설** 가족과 세 명이라는 말을 근거로 정답이 D임을 알 수 있다.

13

男 : Nǐ zài gàn shénme ne?
你 在 干 什么 呢?

남 : 당신은 뭐 하고 있어요?

女 : Wǒ zài xuéxí Hànyǔ.
我 在 学习 汉语。

여 : 저는 중국어를 공부하고 있어요. | A |

> **단어** 在 zài 뷔 ~하고 있다 | 干 gàn 툉 일을 하다 | 什么 shénme 데 무엇 | 学习 xuéxí 툉 학습하다, 공부하다, 배우다 | 汉语 Hànyǔ 몡 중국어

> **해설** 여자가 중국어를 공부하고 있다고 하였으므로 공부하고 있는 여자 사진인 A가 정답이다.

14

女 : Tā shì shéi?
她 是 谁?

여 : 그녀는 누구예요?

男 : Tā shì wǒ nǚ'ér.
她 是 我 女儿。

남 : 그녀는 제 딸이에요. | C |

> **단어** 是 shì 툉 ~이다 | 谁 shéi 데 누구 | 的 de 조 ~의(관형어 뒤에 쓰여, 관형어와 중심어 사이가 일반적인 수식 관계임을 나타냄) | 女儿 nǚ'ér 몡 딸

> **해설** '是(이다)' 뒤에 있는 핵심어 '女儿(딸)'을 근거로 정답이 C임을 알 수 있다.

15

男 : Xiǎo Míng xiànzài zài nǎr?
小 明 现在 在 哪儿?

남 : 샤오밍은 지금 어디에 있어요?

女 : Zài yīyuàn.
在 医院。

여 : 병원에 있어요. | E |

> **단어** 小 xiǎo 혱 군, 양(성이나 이름 앞에 붙여 친근함을 나타냄) | 现在 xiànzài 몡 지금, 현재 | 在 zài 툉 ~에 있다 | 哪儿 nǎr 데 어디, 어느 곳 | 医院 yīyuàn 몡 병원

> **해설** 여자의 말 중 '医院(병원)'을 근거로 건물(병원) 사진인 E가 가장 적합하다.

 **제4부분**

미리보기 | 해석

🔔 **제4부분** 🎧 MP3-24 　　　　　　　　　　　　　　　》 전략서 60p

Xiàwǔ wǒ qù shāngdiàn, wǒ xiǎng mǎi yìxiē shuǐguǒ. 下午 我 去 商店， 我 想 买 一些 水果。	오후에 저는 상점에 가서 과일을 좀 사려고 합니다.
Tā xiàwǔ qù nǎlǐ? 问 : 她 下午 去 哪里?	문 : 그녀는 오후에 어디를 가는가?
shāngdiàn　　yīyuàn　　xuéxiào A 商店　　B 医院　　C 学校	A 상점　　　B 병원　　　C 학교

01. 보기로 문제 예상하기

🖋 **유형 확인 문제** 🎧 MP3-26 　　　　　　　　　　　　　》 전략서 62p

Jīntiān shì xīngqīyī, wǔ yuè sān rì. 今天 是 星期一, 五 月 三 日。	오늘은 월요일, 5월 3일입니다.
Jīntiān xīngqī jǐ? 问 : 今天 星期 几?	문 : 오늘은 무슨 요일인가?
xīngqīyī　　xīngqīwǔ　　xīngqīsān A 星期一　B 星期五　C 星期三	A 월요일　　　B 금요일　　　C 수요일

단어 今天 jīntiān 몡 오늘 | 星期一 xīngqīyī 몡 월요일 | 五 wǔ 쉬 다섯, 5 | 月 yuè 몡 달, 월 | 三 sān 쉬 셋, 3 | 日 rì 몡 하루, 일 | 星期 xīngqī 몡 요일 | 几 jǐ 쉬 몇 | 星期五 xīngqīwǔ 몡 금요일 | 星期三 xīngqīsān 몡 수요일

해설 보기를 통해 시간을 묻는, 즉 '무슨 요일'인지를 묻는 문제임을 예상할 수 있다. 보기의 '월요일', '금요일', '수요일' 세 가지 요일 중 어느 단어가 녹음에서 나오는지 주의하여 들어야 한다. '今天是星期一(오늘은 월요일이다)'를 통해 정답은 A라는 것을 알 수 있다.

02. 보기에서 힌트 찾기

🖋 **유형 확인 문제** 🎧 MP3-28 　　　　　　　　　　　　　》 전략서 63p

Tā yǒu ge érzi, jīnnián jiǔ suì. 他 有 个 儿子, 今年 九 岁。	그는 아들이 있는데, 올해 아홉 살입니다.
Tā érzi jǐ suì le? 问 : 他 儿子 几 岁 了?	문 : 그의 아들은 몇 살인가?
suì　　　　suì　　　　suì A 1 岁　　B 9 岁　　C 6 岁	A 1살　　　B 9살　　　C 6살

단어 有 yǒu 동 있다 | 儿子 érzi 몡 아들 | 今年 jīnnián 몡 금년, 올해 | 九 jiǔ 쉬 아홉, 9 | 岁 suì 몡 살, 세 | 几 jǐ 쉬 몇

해설 보기가 모두 나이에 관한 것으로 질문이 나이를 묻는 것임을 예상할 수 있다. 녹음 내용과 보기 B가 '9살'로 정확히 일치한다.

실전 연습 **1** – 제4부분 🎧 MP3-29 　　　　　　》 전략서 64p

| 정답 | 16 B | 17 A | 18 C | 19 B | 20 A |

16

Jīntiān wǎnshang wǒ yào zài jiā kàn diànshì.
今天　晚上　我 要 在家 看 电视。

오늘 저녁 저는 집에서 텔레비전을 보려고 합니다.

　　Jīntiān wǎnshang tā zài nǎr?
问 : 今天　晚上　他 在 哪儿?

문 : 오늘 저녁 그는 어디에 있는가?

　shāngdiàn　　jiā　　　fàndiàn
A 商店　　B 家　　C 饭店

A 상점　　　　B 집　　　　C 식당

단어 今天 jīntiān 閱 오늘 | 晚上 wǎnshang 閱 저녁 | 要 yào 조통 ~하려고 하다 | 在 zài 깨 ~에, ~에서 | 家 jiā 閱 집 | 看 kàn 통 보다 | 电视 diànshì 閱 텔레비전 | 哪儿 nǎr 메 어디, 어느 곳 | 商店 shāngdiàn 閱 상점, 판매점 | 饭店 fàndiàn 閱 식당

해설 집에서 텔레비전을 볼 거라고 하였으므로 정답은 B다.

17

Míngtiān shì xīngqīsì,　wǔ yuè liù rì.
明天　是 星期四, 五 月 六 日。

내일은 목요일로, 5월 6일입니다.

　　Míngtiān xīngqī jǐ?
问 : 明天　星期 几?

문 : 내일은 무슨 요일인가?

　xīngqīsì　　xīngqīwǔ　　xīngqīliù
A 星期四　B 星期五　C 星期六

A 목요일　　　B 금요일　　　C 토요일

단어 明天 míngtiān 閱 내일 | 星期四 xīngqīsì 閱 목요일 | 五 wǔ 운 다섯, 5 | 月 yuè 閱 달, 월 | 六 liù 운 여섯, 6 | 日 rì 閱 일, 날 | 星期 xīngqī 閱 요일 | 几 jǐ 운 몇 | 星期五 xīngqīwǔ 閱 금요일 | 星期六 xīngqīliù 閱 토요일

해설 문장 내용의 핵심인 요일을 통해 내일은 목요일이라고 하였으므로 A가 정답이다.

18

Wǒ yǒu liǎng ge háizi,
我 有 两 个 孩子,

저는 두 명의 아이가 있습니다,

nǚ'ér qī suì,　érzi yí suì.
女儿 七 岁, 儿子 一 岁。

딸은 일곱 살이고, 아들은 한 살입니다.

　　Tā nǚér jǐ suì le?
问 : 他 女儿 几 岁 了?

문 : 그의 딸은 몇 살인가?

　yī suì　　liǎng suì　　qī suì
A 一 岁　B 两 岁　C 七 岁

A 한살　　　　B 두살　　　　C 일곱살

有 yǒu 통 있다 | 两 liǎng 수 둘 | 个 gè 양 개, 사람, 명 | 孩子 háizi 명 자녀 | 女儿 nǚ'ér 명 딸 | 七 qī 수 일곱, 7 | 岁 suì 명 살, 세 | 儿子 érzi 명 아들 | 一 yī 수 하나, 1 | 几 jǐ 수 몇 | 两 liǎng 수 둘

녹음 속 언급된 나이는 두 가지이나, 질문은 딸의 나이를 묻고 있으므로 정답은 C다.

19

Wǒ xiǎng zuò fēijī qù Běijīng. 我 想 坐飞机 去北京。	저는 비행기를 타고 베이징에 가려고 합니다.
Tā xiǎng zěnme qù Běijīng? 问 : 他 想 怎么 去北京?	문 : 그는 어떻게 베이징에 가려고 하나?
zuò qìchē zuò fēijī A 坐 汽车 B 坐飞机 zuò huǒchē C 坐 火车	A 자동차를 타고 　　B 비행기를 타고 C 기차를 타고

想 xiǎng 조동 ~하려고 하다 | 坐 zuò 통 (교통수단을) 타다 | 飞机 fēijī 명 비행기, 항공기 | 去 qù 통 가다 | 北京 Běijīng 고유 베이징, 북경 | 怎么 zěnme 대 어떻게 | 汽车 qìchē 명 자동차 | 火车 huǒchē 명 기차, 열차

'飞机(비행기)'를 타고 베이징에 갈 것이라고 하였으므로 정답은 B다.

20

Zuótiān xià yǔ le, fēicháng lěng. 昨天 下雨了, 非常 冷。	어제 비가 와서, 매우 춥습니다.
Zuótiān tiānqì zěnmeyàng? 问 : 昨天 天气 怎么样?	문 : 어제 날씨는 어떠했나?
hěn lěng hěn rè hěn hǎo A 很 冷 B 很 热 C 很 好	A 춥다 　　B 덥다 　　C 좋다

昨天 zuótiān 명 어제 | 下雨 xiàyǔ 통 비가 오다(내리다) | 非常 fēicháng 부 매우, 아주 | 冷 lěng 형 춥다, 차다 | 天气 tiānqì 명 날씨 | 怎么样 zěnmeyàng 대 어떻다, 어떠하다 | 热 rè 형 덥다 | 好 hǎo 형 좋다

문장 속 핵심어 '冷(춥다)'을 근거로 정답이 A임을 알 수 있다.

정답　16 A　17 B　18 A　19 C　20 A

16

Wǒ xǐhuan chī shuǐguǒ, bù xǐhuan chī fàn.
我 喜欢 吃 水果，不喜欢 吃 饭。

저는 과일 먹는 것을 좋아하고, 밥 먹는 것을 싫어합니다.

Tā xǐhuan chī shénme?
问 : 她 喜欢 吃 什么?

문 : 그녀는 무엇을 먹기 좋아하나?

shuǐguǒ	shuǐ	píngguǒ
A 水果	B 水	C 苹果

A 과일　　　　B 물　　　　C 사과

단어 喜欢 xǐhuan 图 좋아하다 | 吃 chī 图 먹다 | 水果 shuǐguǒ 명 과일 | 不 bù 图 아니다 | 饭 fàn 명 밥 | 什么 shénme 데 무엇 | 水 shuǐ 명 물 | 苹果 píngguǒ 명 사과

해설 녹음 속 언급된 음식은 과일과 밥이지만 여자는 과일 먹는 것을 좋아한다고 하였으므로 A가 정답이다.

17

Míngtiān wǒ hé nǚ'ér yìqǐ qù mǎi dōngxi.
明天 我 和 女儿 一起 去 买 东西。

내일 저와 딸은 같이 물건을 사러 갑니다.

Tā míngtiān hé shéi qù mǎi dōngxi?
问 : 他 明天 和 谁 去 买 东西?

문 : 그는 내일 누구와 물건을 사러 가나?

lǎoshī	nǚ'ér	érzi
A 老师	B 女儿	C 儿子

A 선생님　　　　B 딸　　　　C 아들

단어 明天 míngtiān 명 내일 | 和 hé 집 ~와 | 女儿 nǚ'ér 명 딸 | 一起 yìqǐ 图 같이, 함께 | 去 qù 图 가다 | 买 mǎi 图 사다 | 东西 dōngxi 명 물건, 것 | 谁 shéi 데 누구 | 老师 lǎoshī 명 선생님 | 儿子 érzi 명 아들

해설 딸과 함께 물건을 사러 간다고 하였으므로 정답은 B다.

18

Wǒ xiǎng mǎi liǎng jiàn yīfu hé yí ge bēizi.
我 想 买 两 件 衣服 和 一 个 杯子。

저는 두 벌의 옷과 한 개의 컵을 사려고 합니다.

Tā xiǎng mǎi jǐ ge bēizi?
问 : 她 想 买 几 个 杯子?

문 : 그녀는 몇 개의 컵을 사려고 하는가?

yí ge	liǎng ge	sān ge
A 一个	B 两个	C 三个

A 한 개　　　　B 두 개　　　　C 세 개

단어 想 xiǎng 조동 ~하려고 하다 | 买 mǎi 图 사다 | 两 liǎng 주 둘 | 件 jiàn 양 벌, 개 | 衣服 yīfu 명 옷 | 和 hé 집 ~와 | 一 yī 주 하나, 1 | 个 gè 양 개 | 杯子 bēizi 명 잔, 컵 | 几 jǐ 주 몇 | 三 sān 주 셋, 3

해설 녹음 속 언급된 두 개의 숫자 '两件'과 '一个' 중 컵에 대해서 묻고 있으므로 정답은 A다.

19

Míngtiān wǒ hé péngyou yìqǐ qù kàn diànyǐng.
明天 我 和 朋友 一起 去 看 电影。

내일 저와 친구는 같이 영화를 보러 갑니다.

Tā míngtiān hé shéi qù kàn diànyǐng?
问：他 明天 和 谁 去 看 电影?

문 : 그는 내일 누구와 영화를 보러 가나?

    māma   nǚ'ér   péngyou
A 妈妈   B 女儿   C 朋友

A 엄마   B 딸   C 친구

단어 明天 míngtiān 몡 내일 | 和 hé 젭 ~와 | 朋友 péngyou 몡 친구 | 一起 yìqǐ 뮈 같이, 함께 | 去 qù 됭 가다 | 看 kàn 됭 보다 | 电影 diànyǐng 몡 영화 | 和 hé 걔 ~와 | 谁 shéi 떼 누구 | 妈妈 māma 몡 엄마, 어머니 | 女儿 nǚ'ér 몡 딸

해설 의문대명사 '谁(누구)'에 대한 핵심어 '朋友(친구)'를 근거로 정답은 C다.

20

Wǒ bàba jīnnián sìshí suì, shì yì míng lǎoshī.
我 爸爸 今年 四十 岁, 是 一 名 老师。

우리 아버지는 올해 마흔 살로, 선생님입니다.

Tā bàba shì zuò shénme gōngzuò de?
问：她 爸爸 是 做 什么 工作 的?

문 : 그녀의 아버지는 무슨 일을 하는가?

    lǎoshī   xuésheng   yīshēng
A 老师   B 学生   C 医生

A 선생님   B 학생   C 의사

단어 爸爸 bàba 몡 아빠, 아버지 | 今年 jīnnián 몡 올해, 금년 | 四十 sìshí 준 마흔, 40 | 岁 suì 몡 살, 세 | 一 yī 준 하나, 1 | 名 míng 떙 명(사람을 세는 단위) | 老师 lǎoshī 몡 선생님 | 做 zuò 됭 하다, 종사하다 | 什么 shénme 떼 무엇 | 工作 gōngzuò 몡 직업 | 学生 xuésheng 몡 학생 | 医生 yīshēng 몡 의사

해설 아버지가 선생님이라고 하였으므로 정답은 A다.

>> 전략서 67p

정답

제1부분	1 ×	2 ×	3 ×	4 ✓	5 ×
제2부분	6 C	7 B	8 B	9 C	10 B
제3부분	11 C	12 A	13 F	14 E	15 D
제4부분	16 C	17 A	18 A	19 C	20 B

 듣기 제1부분

1

dú shū
读 书　　(×)

책을 읽다

단어 读 dú 통 글을 소리내어 읽다 | 书 shū 명 책

해설 사진은 '신문 报纸 bàozhǐ'이므로 정답은 X다.

2

xiě zì
写 字　　(×)

글자를 쓰다

단어 写 xiě 통 쓰다 | 字 zì 명 문자, 글자

해설 사진은 그림을 그리고(画画儿 huà huàr) 있는 묘사로 녹음 내용과 일치하지 않는다.

3

shí diǎn èrshí
十 点 二十　　(×)

10시 20분

단어 十 shí 수 열, 10 | 点 diǎn 양 시 | 二十 èrshí 수 스물, 20

해설 사진 속 시계는 10시 10분을 가리키고 있으므로 녹음 내용과 일치하지 않는다.

4	
	hěn lěng 很 冷　(✓) 춥다

단어　很 hěn 튀 매우, 대단히 | 冷 lěng 혱 춥다, 차다

해설　사진 속 눈이 내리는 모습과 인물이 모자를 착용하고 있는 것으로 보아 날씨가 춥다는 것을 알 수 있다.

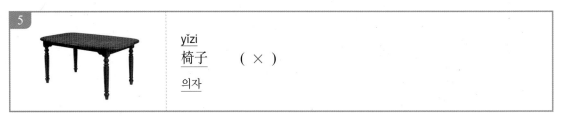

5	
	yǐzi 椅子　(✕) 의자

해설　사진은 '탁자 桌子 zhuōzi'이므로 정답은 X다.

듣기　제2부분

6		
A	B	C ✓

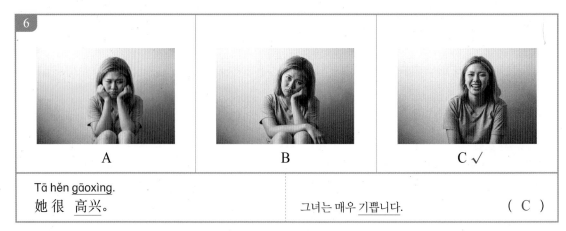

Tā hěn gāoxìng.
她 很 高兴。　　　　　　　　그녀는 매우 기쁩니다.　　　(C)

단어　很 hěn 튀 매우, 대단히 | 高兴 gāoxìng 혱 기쁘다, 즐겁다, 신나다

해설　녹음 속 핵심어 '高兴(기쁘다)'을 통해 정답이 C임을 알 수 있다.

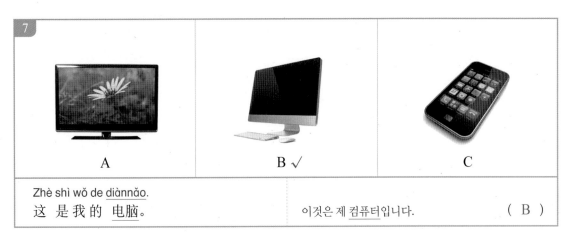

7

A   B ✓   C

Zhè shì wǒ de diànnǎo.
这 是 我 的 电脑。

이것은 제 컴퓨터입니다.   (B)

단어   这 zhè 때 이것 | 是 shì 통 ~이다 | 的 de 조 ~의(관형어 뒤에 쓰여, 관형어와 중심어 사이가 일반적인 수식 관계임을 나타냄) | 电脑 diànnǎo 명 컴퓨터

해설   컴퓨터에 대해서 이야기하고 있으므로 정답은 B다. 참고로 A는 '텔레비전 电视 diànshì', C는 '휴대전화 手机 shǒujī'라고 한다.

8

A   B ✓   C

Wéi, Xiǎo Wáng zài ma?
喂, 小 王 在 吗?

여보세요, 샤오왕 있나요?   (B)

단어   喂 wéi 감 (전화상에서)여보세요 | 小 xiǎo 형 군, 양(성이나 이름 앞에 붙여 친근함을 나타냄) | 在 zài 통 ~에 있다

해설   '喂'라는 단어를 통해 전화 통화 중인 상황임을 예상할 수 있으므로 가장 적합한 사진은 B다.

9

A   B   C ✓

Tā qù mǎi shuǐguǒ le.
她 去 买 水果 了。

그녀는 과일을 사러 갔습니다.   (C)

단어   去 qù 통 가다 | 买 mǎi 통 사다 | 水果 shuǐguǒ 명 과일

해설   녹음 속 핵심어 '水果(과일)'를 통해 정답 사진을 쉽게 찾을 수 있다.

10		
A	B ✓	C

Zhāng xiānsheng, qǐng zuò. 张　先生，请 坐。	장 선생님, 앉으세요.　　（ B ）

단어 先生 xiānsheng 몡 선생님, 씨(성인 남성에 대한 경칭) | 请 qǐng 동 ~하세요 | 坐 zuò 동 앉다

해설 상대방에게 앉으라고 권하는 내용으로 사진 B가 가장 적합하다.

듣기 제3부분

11 – 15
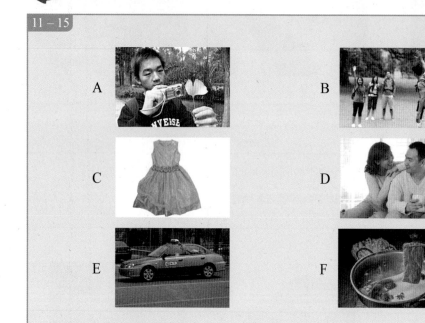

A B
C D
E F

11	
Zhè jiàn yīfu duōshao qián? 女：这 件衣服 多少　钱?	여 : 이 옷은 얼마예요?
kuài. 男：100 块。	남 : 100위안입니다.　　C

단어 这 zhè 때 이것 | 件 jiàn 영 벌, 개 | 衣服 yīfu 영 옷 | 多少 duōshao 때 얼마, 몇 | 钱 qián 영 화폐, 돈 | 块 kuài 영 위안(중국 화폐 단위)

해설 대화 내용의 핵심어인 '衣服(옷)'를 통해 정답이 C임을 알 수 있다.

12

Nǐ érzi jǐ suì le? 男 : 你 儿子 几 岁 了?	남 : 당신의 아들은 몇 살 인가요?
Wǒ érzi zài shàng dàxué, èrshí suì le. 女 : 我 儿子 在 上 大学, 二十 岁 了。	여 : 제 아들은 대학에 다니고 있어요, 20살이에요. ☐ A

단어 儿子 érzi 영 아들 | 几 jǐ 쥐 몇 | 岁 suì 영 살, 세 | 在 zài 봄 ~하고 있다 | 上 shàng 동 (어떤 활동을) 하다 | 大学 dàxué 영 대학 | 二十 èrshí 쥐 스물, 20

해설 여자의 답변을 통해 얻은 아들에 관한 정보인 '대학', '20살'을 근거로 정답이 A임을 알 수 있다.

13

Nǐ xǐhuan Zhōngguó cài ma? 女 : 你 喜欢 中国 菜 吗?	남 : 당신은 중국 요리를 좋아하나요?
Wǒ hěn xǐhuan. 男 : 我 很 喜欢。	여 : 저는 매우 좋아해요. ☐ F

단어 喜欢 xǐhuan 동 좋아하다 | 中国 Zhōngguó 고유 중국 | 菜 cài 영 요리 | 很 hěn 봄 매우, 대단히

해설 대화 내용의 핵심어 '中国菜(중국 요리)'를 통해 정답이 F임을 알 수 있다.

14

Nǐ zěnme huí jiā? 男 : 你 怎么 回 家?	남 : 당신은 어떻게 집으로 돌아가나요?
Wǒ zuò chūzūchē. 女 : 我 坐 出租车。	여 : 택시 타고요. ☐ E

단어 怎么 zěnme 때 어떻게 | 回家 huí jiā 집으로 돌아가다 | 坐 zuò 동 (교통수단을) 타다 | 出租车 chūzūchē 영 택시

해설 교통수단인 '出租车(택시)'를 통해 정답이 E임을 알 수 있다.

15

Tāmen shì shéi? 女 : 他们 是 谁?	여 : 그들은 누구예요?
Shì wǒ de bàba, māma. 男 : 是 我 的 爸爸, 妈妈。	남 : 저의 아빠, 엄마입니다. ☐ D

단어 他们 tāmen 때 그들, 저들 | 是 shì 동 ~이다 | 谁 shéi 때 누구 | 爸爸 bàba 영 아빠, 아버지 | 妈妈 māma 영 엄마, 어머니

해설 남자의 아빠와 엄마라는 답변을 근거로 인물 사진 A, B, D 중 두 명의 남·녀 인물이 나온 사진인 D가 정답이다.

16

Wǒ bàba shì ge yīshēng.
我 爸爸 是 个 医生。

우리 아버지는 <u>의사</u>입니다.

Tā bàba zài nǎr gōngzuò?
问 : 她 爸爸 在 哪儿 工作?

문 : 그녀의 아버지는 어디서 일하나?

xuéxiào	fàndiàn	yīyuàn
A 学校	B 饭店	C 医院

A 학교　　　　B 식당　　　　C 병원

단어 爸爸 bàba 명 아빠, 아버지 | 是 shì 동 ~이다 | 个 gè 양 개, 사람, 명 | 医生 yīshēng 명 의사 | 在 zài 개 ~에서 | 哪儿 nǎr 대 어디, 어느 곳 | 工作 gōngzuò 동 일하다 | 学校 xuéxiào 명 학교 | 饭店 fàndiàn 명 식당 | 医院 yīyuàn 명 병원

해설 아버지가 의사라고 하였으므로 정답은 C다.

17

Shàngwǔ wǒ qùle shāngdiàn, mǎile xiē dōngxi.
上午 我 去了 商店, 买了 些 东西。

오전에 저는 상점에 가서 물건을 좀 샀습니다.

Tā shàngwǔ qùle nǎr?
问 : 他 上午 去了 哪儿?

문 : 그는 오전에 어딜 다녀왔는가?

shāngdiàn	diànyǐngyuàn
A 商店	B 电影院

A 상점　　　　　B 영화관

huǒchēzhàn
C 火车站

C 기차역

단어 上午 shàngwǔ 명 오전 | 去 qù 동 가다 | 商店 shāngdiàn 명 상점, 판매점 | 买 mǎi 동 사다 | 些 xiē 양 조금, 약간 | 东西 dōngxi 명 물건, 것 | 哪儿 nǎr 대 어디, 어느 곳 | 电影院 diànyǐngyuàn 명 영화관, 극장 | 火车站 huǒchēzhàn 명 기차역

해설 오전에 상점에 갔다고 하였으므로 정답은 A다.

18

Wǒ de péngyou xīngqīsān huí jiā.
我 的 朋友 星期三 回 家。

제 친구는 수요일에 집으로 돌아갑니다.

Péngyou xīngqī jǐ huí jiā?
问 : 朋友 星期几 回 家?

문 : 친구는 무슨 요일에 집으로 돌아가는가?

xīngqīsān	xīngqī'èr	xīngqīsì
A 星期三	B 星期二	C 星期四

A 수요일　　　　B 화요일　　　　C 목요일

단어 的 de 조 ~이 | 朋友 péngyou 명 친구 | 星期三 xīngqīsān 명 수요일 | 回家 huí jiā 집으로 돌아가다 | 星期 xīngqī 명 요일 | 星期二 xīngqī'èr 명 화요일 | 星期四 xīngqīsì 명 목요일

해설 친구는 수요일에 집에 돌아간다고 하였으므로 정답은 A다.

19

Dīng lǎoshī zhōngwǔ hé nǚ'ér chī fàn.
丁 老师 中午 和女儿 吃饭。

정 선생님은 점심에 딸과 식사를 합니다.

Dīng lǎoshī zhōngwǔ hé shéi chī fàn?
问 : 丁 老师 中午 和 谁 吃饭?

문 : 정 선생님은 점심에 누구와 식사했는가?

	érzi		bàba		nǚ'ér
A	儿子	B	爸爸	C	女儿

| A 아들 | B 아버지 | C 딸 |

단어 老师 lǎoshī 명 선생님 | 中午 zhōngwǔ 명 정오, 낮 12시 전후 | 和 hé 개 ~와 | 女儿 nǚ'ér 명 딸 | 吃 chī 동 먹다 | 饭 fàn 명 밥, 식사 | 谁 shéi 대 누구 | 儿子 érzi 명 아들 | 爸爸 bàba 명 아빠, 아버지

해설 정 선생님은 점심에 딸과 식사를 한다고 하였으므로 정답은 C다.

20

Míngtiān huì xià yǔ.
明天 会下雨。

내일은 비가 올 것입니다.

Míngtiān tiānqì zěnmeyàng?
问 : 明天 天气 怎么样?

문 : 내일 날씨는 어떠한가?

hěn hǎo	xià yǔ	hěn rè
A 很 好	B 下雨	C 很 热

| A 좋다 | B 비가 온다 | C 덥다 |

단어 明天 míngtiān 명 내일 | 会 huì 조동 ~할 가능성이 있다, ~할 것이다 | 下雨 xiàyǔ 동 비가 오다(내리다) | 天气 tiānqì 명 날씨 | 怎么样 zěnmeyàng 대 어떻다, 어떠하다 | 很 hěn 부 매우, 대단히 | 好 hǎo 형 좋다 | 热 rè 형 덥다

해설 문장의 핵심어 '下雨(비가 오다)'에 근거하여 정답은 B다.

독해 阅读 **제1부분**

🔖 **미리보기** | **해석**

🔔 **제1부분**
》 전략서 78p

shū
书　　(√)
책

diànshì
电视　　(×)
텔레비전

01. 단어 의미 먼저 파악하기

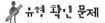 **유형 확인 문제**
》 전략서 81p

gōngzuò
工作　　(×)
일하다

해설　사진 속 인물은 일을 하는 것이 아닌 수영(游泳 yóuyǒng)을 하고 있으므로 정답은 X다.

실전 연습 1 – 제1부분
》 전략서 82p

정답　21 ×　　22 √　　23 ×　　24 ×　　25 √

 21

dú
读　　(×)
읽다

해설　사진 속 인물은 음악을 듣고(听 tīng)있으므로 제시어와 일치하지 않는다.

22

māo
猫 (√)

고양이

해설 사진과 제시어가 일치하므로 정답은 √다.

23

chūzūchē
出租车 (×)

택시

해설 사진의 교통수단은 '기차 火车 huǒchē'이므로 제시어와 일치하지 않는다. 따라서 정답은 X다.

24

shāngdiàn
商店 (×)

상점, 판매점

해설 사진 속 장소는 '방 房间 fángjiān' 혹은 '집 家 jiā'로 제시어와 일치하지 않는다.

25

zhuōzi
桌子 (√)

탁자, 테이블

해설 사진이 나타내는 사물은 탁자이므로 정답은 √다.

실전 연습 **2** – 제1부분
》 전략서 83p

정답   21 ×   22 √   23 √   24 ×   25 √

21

zuò
坐 (×)

앉다

해설 사진 속 아이는 누워서 자고 있으므로 정답은 X다.

22

érzi
儿子　　(√)

아들

해설　사진속 인물의 성별은 남자이므로 정답은 √다.

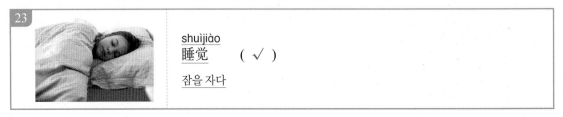

23

shuìjiào
睡觉　　(√)

잠을 자다

해설　사진 속 인물이 잠을 자고 있으므로 제시어와 일치한다. 따라서 정답은 √다.

24

qián
钱　　(×)

화폐, 돈

해설　사진 속 사물은 '음식 菜 cài'이므로 제시어 '钱(돈)'과는 일치하지 않는다. 따라서 정답은 X다.

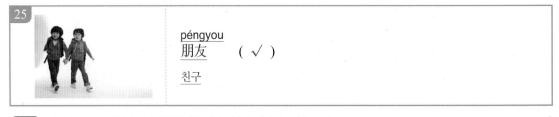

25

péngyou
朋友　　(√)

친구

해설　사진 속 인물의 관계가 제시어 '朋友(친구)'와 알맞다. 따라서 정답은 √다.

독해 阅读 제2부분

》 전략서 86p

미리보기 | 해석

제2부분

|  | Tā zuò fēijī
他 坐 飞机
qù Běijīng gōngzuò.
去 北京 工作。 C | 그는 비행기를 타고

베이징에 일하러 갑니다. |

실전 연습 1 – 제2부분

》 전략서 90p

정답 26 B 27 C 28 A 29 D 30 E

26 – 30

A

B

C

D

E

26

Tā zuò zài shāfā shang kàn shū.
他 坐 在沙发 上 看 书。 B 그는 쇼파에 앉아서 책을 봅니다.

단어 坐 zuò 동 앉다 | 在 zài 개 ~에, ~에서 | 沙发 shāfā 명 소파 | 看 kàn 동 보다 | 书 shū 명 책

해설 문장 속 핵심 정보는 '看书(책을 본다)'이다. 소파와 책을 보는 동작을 보여주고 있는 사진 B가 정답이다.

27

Tā hěn xǐhuan xiǎo gǒu.

她 很 喜欢 小 狗。　　　C　　　그녀는 강아지를 좋아합니다.

단어 喜欢 xǐhuan 툉 좋아하다 | 小 xiǎo 혱 (나이 등이) 적다, 어리다 | 狗 gǒu 똉 개

해설 문장 속 핵심어 '狗(강아지)'를 근거로 정답은 C다.

28

Lǎoshī zài xuésheng qiánmiàn.

老师 在 学生 前面。　　　A　　　선생님은 학생 앞에 있습니다.

단어 老师 lǎoshī 똉 선생님 | 在 zài 툉 ~에 있다 | 学生 xuésheng 똉 학생 | 前面 qiánmiàn 똉 (공간·위치 상의) 앞

해설 핵심어인 '선생님'과 '학생'을 근거로 정답이 A임을 알 수 있다.

29

Zhèlǐ hěn piàoliang.

这里 很 漂亮。　　　D　　　이곳은 매우 예쁩니다.

단어 这里 zhèlǐ 떼 이곳, 여기 | 很 hěn 뷔 매우, 대단히 | 漂亮 piàoliang 혱 예쁘다

해설 '这里'라는 단어를 근거로 장소가 나와있는 사진을 찾으면 A, B, D다. 그중 술어 '漂亮(예쁘다)'이라는 부가적 정보로 사진 D가 정답임을 판단할 수 있다.

30

Wàimiàn zhèng xià yǔ ne.

外面 正 下雨呢。　　　E　　　밖에 지금 비가 오고 있습니다.

단어 外面 wàimiàn 똉 바깥, 밖 | 正 zhèng 뷔 ~하는 중이다 | 下雨 xiàyǔ 툉 비가 오다(내리다) | 呢 ne 조 서술문 뒤에 쓰여 동작이나 상황이 지속됨을 나타냄

해설 사진 속 인물이 빗속에 우산을 쓰고 있으므로 문장 내용에 가장 적합하다.

정답 26 E   27 A   28 C   29 B   30 D

26 – 30

26

Wǒ xǐhuan kàn diànshì.

我 喜欢 看 电视。   E   저는 텔레비전 보는 것을 좋아합니다.

단어 喜欢 xǐhuan 图 좋아하다 | 看 kàn 图 보다 | 电视 diànshì 명 텔레비전

해설 핵심어 '看电视(텔레비전을 보다)'를 근거로 정답이 E임을 알 수 있다.

27

Tā yǒu yì zhī piàoliang de gǒu.

她 有 一只 漂亮 的 狗。   A   그녀는 예쁜 강아지 한 마리가 있습니다.

단어 有 yǒu 图 있다 | 一 yī 준 하나, 1 | 只 zhī 양 마리 (작은 동물을 세는 단위) | 漂亮 piàoliang 형 예쁘다, 아름답다, 보기 좋다 | 狗 gǒu 명 강아지

해설 핵심어 '狗(강아지)'를 근거로 정답이 A임을 알 수 있다.

Tip ▶ 1급에 자주 등장하는 양사

个 gè 가장 보편적으로 사용되는 양사	一 个 问题 yí ge wèntí 하나의 문제/ 三 个 人 sān ge rén 세 명의 사람
本 běn 권, 책을 세는 양사	一 本 书 yì běn shū 책 한 권
件 jiàn 옷, 일을 세는 양사	一 件 衣服 yí jiàn yīfu 옷 한 벌/ 这 件 事 zhè jiàn shì 이 일
口 kǒu 가족을 세는 양사	你 家 有 几 口 人? Nǐ jiā yǒu jǐ kǒu rén? 당신 집은 몇 식구입니까?
些 xiē 조금, 약간	一些 人 yìxiē rén 일부 사람들

28

Tāmen shì hǎo péngyou.

他们 是 好 朋友。　　　　　　| C |　　이 그들은 좋은 친구입니다.

단어　他们 tāmen 때 그들, 저들 | 是 shì 통 ~이다 | 好 hǎo 형 친근하다, 좋다 | 朋友 péngyou 명 친구

해설　'他们(그들)'이라는 단어를 근거로 인물이 두 명 이상 나와 있는 사진 B와 C 중 부가적 정보인 '朋友(친구)'로 정답이 C임을 알 수 있다.

29

Tā zài gōngzuò ne.

他 在 工作 呢。　　　　　　| B |　　이 그는 일을 하고 있습니다.

단어　在 zài 부 ~하고 있다 | 工作 gōngzuò 통 일하다 | 呢 ne 조 서술문 뒤에 쓰여 동작이나 상황이 지속됨을 나타냄

해설　핵심어 '工作(일하다)' 단어를 근거로 정답이 B임을 알 수 있다.

30

Zhèlǐ hěn lěng.

这里 很 冷。　　　　　　　　| D |　　이곳은 춥습니다.

단어　这里 Zhèlǐ 때 이곳, 여기 | 很 hěn 부 매우, 대단히 | 冷 lěng 형 춥다, 차다

해설　문장 속 핵심어 '冷(춥다)'을 근거로 겨울을 묘사한 사진 D가 정답이다.

미리보기 해석

🔖 제3부분

》 전략서 94p

31		
Nǐ hē chá ma? 你 喝 茶 吗?	E	당신은 차를 마시겠습니까?
Xièxie, wǒ bù hē. E 谢谢, 我 不 喝。		E 감사합니다, 저는 안 마실게요.

실전 연습 **1** – 제3부분

》 전략서 98p

정답 31 D 32 A 33 C 34 B 35 E

31 – 35	
Píngguǒ. A 苹果。	A 사과요.
Bù, zài yīyuàn hòumiàn. B 不, 在 医院 后面。	B 아니요, 병원 뒤에 있어요.
diǎn bàn. C 6点 半。	C 6시 반이요.
Zuò chūzūchē. D 坐 出租车。	D 택시를 타고요.
Méiyǒu, nàr tiānqì hěn hǎo. E 没有, 那儿 天气 很 好。	E 아니요, 거기 날씨는 좋아요.

단어 坐 zuò 동 (교통수단을) 타다 | 出租车 chūzūchē 명 택시 | 苹果 píngguǒ 명 사과 | 点 diǎn 양 시 | 半 bàn 수 절반, 2분의 1 | 在 zài 동 ~에 있다 | 医院 yīyuàn 명 병원 | 后面 hòumiàn 명 뒤쪽 | 那儿 nàr 대 그곳, 거기 | 天气 tiānqì 명 날씨 | 很 hěn 부 매우, 대단히 | 好 hǎo 형 좋디

31		
Nǐ zěnme qù yīyuàn? 你 怎么 去 医院?	D	당신은 <u>어떻게</u> 병원에 가나요?

단어 怎么 zěnme 대 어떻게 | 去 qù 동 가다 | 医院 yīyuàn 명 병원

해설 문장의 핵심 정보는 '怎么(어떻게)'이다. 가는 방식을 나타내는 교통수단, 즉 D가 정답이다.

32

Tā qù shāngdiàn mǎi shénme?
她 去 商店 买 什么?

A

그녀는 상점에 가서 무엇을 사나요?

단어 去 qù 图 가다 | 商店 shāngdiàn 圆 상점, 판매점 | 买 mǎi 图 사다, 구매하다 | 什么 shénme 団 무엇

해설 무엇을 사러 가는지에 대해 묻고 있으므로 살 수 있는 대상, 즉 A가 정답이다.

33

Diànyǐng jǐ diǎn kāishǐ?
电影 几点 开始?

C

영화는 몇 시에 시작하나요?

단어 电影 diànyǐng 圆 영화 | 几 jǐ 囹 몇 | 点 diǎn 喌 시 | 开始 kāishǐ 图 시작하다

해설 문장의 핵심 정보는 '几点(몇 시)'이다. 따라서 시간이 나와 있는 C가 정답이다.

34

Xuéxiào zài yīyuàn de qiánmiàn ma?
学校 在 医院的 前面 吗?

B

학교는 병원 앞에 있나요?

단어 学校 xuéxiào 圆 학교 | 在 zài 图 ~에 있다 | 医院 yīyuàn 圆 병원 | 前面 qiánmiàn 圆 (공간·위치 상의) 앞

해설 문장의 핵심은 '위치'이다. 즉 방위를 표현한 답변 B가 정답이다.

35

Jīntiān Běijīng xià yǔ le ma?
今天 北京 下雨了吗?

E

오늘 베이징에는 비가 왔나요?

단어 今天 jīntiān 圆 오늘 | 北京 Běijīng 고유 베이징, 북경 | 下雨 xiàyǔ 图 비가 오다(내리다)

해설 날씨에 관한 질문이므로 답변 또한 날씨에 대해서 언급하는 E가 정답이다.

정답 31 D   32 E   33 B   34 C   35 A

31 – 35

Xǐhuan. A 喜欢。	A 좋아해요.
Zài jiā. B 在家。	B 집에 계세요.
Shuǐguǒ. C 水果。	C 과일이요.
Zài xuéxiào de qiánmiàn. D 在 学校 的 前面。	D 학교 앞에 있어요.
Huì shuō yìdiǎn. E 会 说 一点。	E 조금 말할 줄 알아요.

단어 喜欢 xǐhuan 동 좋아하다 | 在 zài 동 ~에 있다 | 家 jiā 명 집 | 水果 shuǐguǒ 명 과일 | 学校 xuéxiào 명 학교 | 前面 qiánmiàn 명 앞, 앞쪽 | 会 huì 조동 (배워서) ~할 수 있다, ~할 줄 알다 | 说 shuō 동 말하다 | 一点 yìdiǎn 수량 조금, 약간

31

Huǒchēzhàn zài nǎr? 火车站 在 哪儿?	D	기차역은 어디에 있나요?

단어 火车站 huǒchēzhàn 명 기차역 | 在 zài 동 ~에 있다 | 哪儿 nǎr 대 어디, 어느 곳

해설 핵심 정보는 '在哪儿(어디에 있다)'이다. 따라서 장소를 나타내는 D가 정답이다.

32

Nǐ huì shuō Hànyǔ ma? 你 会 说 汉语 吗?	E	당신은 중국어를 할 줄 아나요?

단어 会 huì 조동 (배워서) 할 수 있다, ~할 줄 알다 | 说 shuō 동 말하다 | 汉语 Hànyǔ 명 중국어 | 吗 ma 조 문장 끝에 쓰여 의문의 어기를 나타냄

해설 중국어를 하는지에 대해 묻고 있으므로 답변은 '할 줄 안다', '할 줄 모른다'라는 관련있는 내용이 정답일 것이다. 따라서 정답은 E다.

33

Nǐ māma zài nǎr le? 你 妈妈 在 哪儿 了?	B	당신의 어머니는 어디 계세요?

단어 妈妈 māma 명 엄마, 어머니 | 在 zài 동 ~에 있다 | 哪儿 nǎr 대 어디, 어느 곳

해설 어디 있는지에 대한 장소를 묻고 있으므로 장소를 나타내는 B가 정답이다.

34

Xiǎng mǎi xiē shénme?

想　买 些 什么?

C

무엇을 사고 싶나요?

〔단어〕 **想** xiǎng 〔조동〕 ~하고 싶다 | **买** mǎi 〔동〕 사다 | **些** xiē 〔양〕 조금, 약간 | **什么** shénme 〔대〕 무엇

〔해설〕 살 수 있는 대상을 선택하면 된다. 따라서 정답은 C다.

Tip ▶ 新HSK 1급에 자주 등장하는 조동사

会 huì	1) (학습을 통해서) ~할 수 있다 　我 会 说 汉语。 Wǒ huì shuō Hànyǔ. 저는 중국어를 할 줄 압니다. 2) (미래 추측) ~일 것이다 　明天 会 下 雨 的。 Míngtiān huì xià yǔ de. 내일 비가 올 것입니다.
能 néng	(능력·조건·환경이 되어) ~할 수 있다 你 什么 时候 能 来? Nǐ shénme shíhou néng lái? 당신은 언제 올 수 있나요?
要 yào	1) ~할 것이다 　我 要 学 汉语。 Wǒ yào xué Hànyǔ. 저는 중국어를 배울 것입니다. 2) ~해야 한다 　你 要 小心！ Nǐ yào xiǎoxīn! 당신은 조심해야 합니다!
想 xiǎng	~하고 싶다, ~하려고 하다 我 想 学 汉语。 Wǒ xiǎng xué Hànyǔ. 저는 중국어를 배우고 싶습니다.
可以 kěyǐ	(허락·허가·조건) ~할 수 있다 现在 可以 来 了。 Xiànzài kěyǐ lái le. 지금 와도 됩니다.

35

Tā xǐhuan chī mǐfàn ma?

她 喜欢 吃 米饭 吗?

A

그녀는 밥 먹는 것을 좋아하나요?

〔단어〕 **喜欢** xǐhuan 〔동〕 좋아하다 | **吃** chī 〔동〕 먹다 | **米饭** mǐfàn 〔명〕 밥, 쌀밥 | **吗** ma 〔조〕 문장 끝에 쓰여 의문의 어기를 나타냄

〔해설〕 대상을 좋아하는지에 대해 묻고 있으므로 정답은 A다.

독해 阅读 제4부분

미리보기 | 해석

🔔 제4부분
>> 전략서 102p

duōshao A 多少	Běijīng B 北京	cài C 菜	A 얼마나	B 베이징	C 음식
xīngqī D 星期	hé E 和	xièxie F 谢谢	D 주, 요일	E ~와	F 감사합니다

Jīntiān shì xīngqītiān. 今天 是(D 星期)天。	오늘은(D 일요일)입니다.

실전 연습 1 – 제4부분

>> 전략서 106p

정답 36 B   37 C   38 E   39 A   40 D

36 – 40

shíhou A 时候	hòumiàn B 后面	huí C 回	A 쯤	B 뒤쪽	C 돌아가다
qǐng D 请	Hànzì E 汉字		D ~하세요	E 한자	

단어 时候 shíhou 명 때, 시각, 무렵 | 后面 hòumiàn 명 뒤, 뒤쪽, 뒷면 | 回 huí 동 돌리다, 되돌아가다, 되돌아오다 | 请 qǐng 동 청하다, ~하세요 | 汉字 Hànzì 명 한자

36

Shāngdiàn zài yīyuàn hòumiàn. 商店 在 医院(B 后面)。	상점은 병원(B 뒤쪽)에 있습니다.

단어 商店 shāngdiàn 명 상점 | 在 zài 동 ~에 있다 | 医院 yīyuàn 명 병원

해설 '在' 뒤에는 장소가 나오므로 방위를 나타내는 B가 정답이다.

37

Tā zhōngwǔ huí jiā chī fàn. 她 中午(C 回)家吃饭。	그녀는 점심에 집에(C 돌아가서) 식사를 합니다.

단어 中午 zhōngwǔ 명 정오, 낮 12시 전후 | 家 jiā 명 집 | 吃 chī 동 먹다 | 饭 fàn 명 밥, 식사

43

'家(집)'를 근거로 빈칸에 들어갈 단어의 품사는 동사임을 알 수 있다. 따라서 정답은 C다.

38

Wǒ huì shuō Hànyǔ, dàn bú rènshi   Hànzì.
我 会 说 汉语，但 不认识（E 汉字）。 | 저는 중국어를 말할 줄 알지만, (E 한자)는 모릅니다.

단어 会 huì 조통 (배워서) ~할 수 있다, ~할 줄 알다 | 说 shuō 동 말하다 | 汉语 Hànyǔ 명 중국어 | 但 dàn 접 그러나, 하지만 | 认识 rènshi 동 알다

해설 빈칸 앞에 동사 '认识'를 통해 '알다'의 대상으로 사용할 수 있는 명사 E가 정답이다.

39

Nǐ míngtiān shénme   shíhou
男：你 明天   什么 (A 时候) | 남 : 당신은 내일 언제(A 쯤)

qù huǒchēzhàn?
去 火车站? | 기차역에 가나요?

diǎn
女：9 点 40。 | 여 : 9시 40분이요.

단어 明天 míngtiān 명 내일 | 什么时候 shénme shíhou 언제 | 去 qù 동 가다 | 火车站 huǒchēzhàn 명 기차역 | 点 diǎn 양 시

해설 여자의 대답이 시간을 나타내고 있으므로 '시점', '때'의 의미를 가진 A가 정답이다.

40

Qǐng chī shuǐguǒ.
女：(D 请) 吃 水果。 | 여 : 과일(D 드세요).

Xièxie.
男：谢谢。 | 남 : 감사합니다.

단어 吃 chī 동 먹다 | 水果 shuǐguǒ 명 과일 | 谢谢 xièxie 동 감사합니다, 고맙습니다

해설 '请'은 문장 맨 앞에 쓰여 공손함을 나타낸다. 따라서 정답은 D다.

실전 연습 2 – 제4부분

》 전략서 107p

정답　36 E　37 A　38 B　39 D　40 C

---

36 – 40

fēijī　　　　gōngzuò　　　xià yǔ
A 飞机　　B 工作　　C 下雨 | A 비행기　　B 일하다　　C 비가 오다

kànjiàn　　　yīfu
D 看见　　E 衣服 | D 보다　　E 옷

단어 飞机 fēijī 명 비행기 | 工作 gōngzuò 동 일하다 | 下雨 xiàyǔ 동 비가 오다 | 看见 kànjiàn 동 보다, 보이다 | 衣服 yīfu 명 옷

36

Wǒ qù shāngdiàn mǎi yīfu.

我 去 商店 买(E 衣服)。

저는 상점에 가서 (E 옷)을 <u>삽니다</u>.

단어 去 qù 图 가다 | 商店 shāngdiàn 명 상점, 판매점 | 买 mǎi 图 사다

해설 빈칸 앞의 동사 '买'를 근거로 살 수 있는 대상인 E가 정답이다.

37

Tā zuò fēijī qù Běijīng.

她 坐(A 飞机) 去 北京。

그녀는 (A 비행기)를 <u>타고</u> 베이징에 갑니다.

단어 坐 zuò 图 (교통수단을) 타다 | 去 qù 图 가다 | 北京 Běijīng 고유 베이징, 북경

해설 빈칸 앞의 '坐'를 근거로 탈 수 있는 대상인 A가 정답이다.

38

Wǒ māma zài yīyuàn gōngzuò.

我 妈妈 在 医院(B 工作)。

저의 엄마는 <u>병원에서</u> (B 일합니다).

단어 妈妈 māma 명 엄마, 어머니 | 在 zài 개 ~에서 | 医院 yīyuàn 명 병원

해설 빈칸 앞에 장소인 '在医院(병원에서)'을 근거로 병원에서 무엇을 하는지 동작을 나타내는 B가 정답이다.

39

Nǐ kànjiàn wǒ de yīfu le ma?

女 : 你 (D 看见) 我 的 衣服 了 吗?

여 : 당신은 제 옷을 (D 보았나요)?

Méiyǒu.

男 : 没有。

남 : 아니요.

단어 衣服 yīfu 명 옷 | 没有 méiyǒu 분 ~않다(과거의 경험·행위·사실 등을 부정함)

해설 빈칸 뒤에 목적어가 있으므로 빈칸에 들어갈 단어의 품사는 동사다. 따라서 정답은 D다.

40

Xiànzài tiānqì zěnmeyàng?

女 : 现在 天气 怎么样?

여 : 지금 <u>날씨</u>는 어떠한가요?

Zài xià yǔ.

男 : 在 (C 下 雨)。

남 : (C 비가 내리고) 있어요.

단어 现在 xiànzài 명 지금, 현재 | 天气 tiānqì 명 날씨 | 怎么样 zěnmeyàng 대 어떻다, 어떠하다 | 在 zài 분 ~하고 있다

해설 날씨에 대해서 묻고 있으므로 날씨 표현을 나타내는 C가 정답이다.

>> 전략서 109p

정답					
제1부분	21 ✓	22 ✓	23 ✗	24 ✗	25 ✓
제2부분	26 E	27 B	28 F	29 A	30 D
제3부분	31 B	32 D	33 A	34 C	35 F
제4부분	36 B	37 E	38 A	39 F	40 C

 독해 제1부분

21

yīyuàn
医院　　(✓)

병원

해설 　사진 속 장소와 제시어 모두 병원을 나타내고 있으므로 정답은 ✓다.

22

duìbuqǐ
对不起　　(✓)

미안합니다

해설 　사진 속 인물이 미안한 표정을 짓고 있으므로 정답은 ✓다.

23

mǎi dōngxi
买　东西　　(✗)

물건을 사다

단어 　买 mǎi 동 사다 | 东西 dōngxi 명 물건, 것

해설 　사진 속 인물은 음식을 먹고 있으므로 제시어와 일치하지 않는다. 따라서 정답은 ✗다.

24	xuéxiào 学校 (×) 학교

해설 사진이 보여주는 장소는 '은행 银行 yínháng'이므로 제시어와 일치하지 않는다. 따라서 정답은 X다.

25	chī 吃 (√) 먹다

해설 사진 속 아이가 무언가를 먹고 있는 행동이 제시어와 일치하므로 정답은 √다.

 독해 제2부분

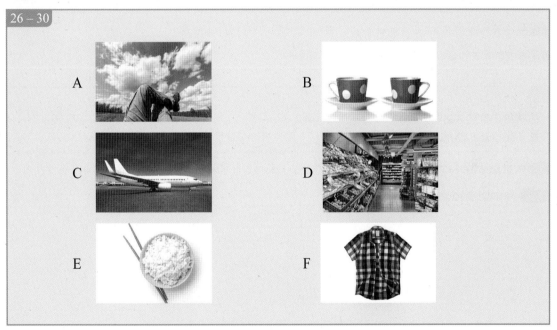

26 – 30

A

B

C

D

E

F

26		
Mǐfàn hěn hǎochī. 米饭 很 好吃。	E	밥이 아주 맛있습니다.

단어 米饭 mǐfàn 명 밥, 쌀밥 ┃ 很 hěn 부 매우, 대단히 ┃ 好吃 hǎochī 형 맛있다

해설 문제 풀이의 핵심어는 바로 '米饭(밥)'이다. 따라서 정답은 E다.

독해 | 阅读

27

Zhè liǎng ge bēizi hěn piàoliang.
这 两 个 杯子 很 漂亮。 | B | 이 두 개의 컵은 매우 예쁩니다.

단어 这 zhè 떼 이것 | 两 liǎng 令 둘 | 个 gè 양 개, 사람, 명 | 杯子 bēizi 몡 잔, 컵 | 很 hěn 囝 매우, 대단히 | 漂亮 piàoliang 혱 예쁘다, 아름답다, 보기 좋다

해설 핵심어인 '两个杯子(두 개의 컵)'를 근거로 정답이 B임을 알 수 있다.

28

Tā hěn xǐhuan zhè jiàn yīfu.
他 很 喜欢 这 件 衣服。 | F | 그는 이 옷을 좋아합니다.

단어 很 hěn 囝 매우, 대단히 | 喜欢 xǐhuan 튕 좋아하다 | 这 zhè 떼 이것 | 件 jiàn 양 벌, 개 | 衣服 yīfu 몡 옷

해설 핵심어인 '衣服(옷)'를 근거로 정답은 F다.

29

Jīntiān tiānqì hěn hǎo.
今天 天气 很 好。 | A | 오늘 날씨가 좋습니다.

단어 今天 jīntiān 몡 오늘 | 天气 tiānqì 몡 날씨 | 很 hěn 囝 매우, 대단히 | 好 hǎo 혱 좋다

해설 문장 속 '天气(날씨)'를 근거로 정답이 A임을 알 수 있다.

30

Wǒ xiǎng qù shāngdiàn mǎi dōngxi.
我 想 去 商店 买 东西。 | D | 저는 상점에 가서 물건을 사려고 합니다.

단어 想 xiǎng 조동 ~하려고 하다 | 去 qù 튕 가다 | 商店 shāngdiàn 몡 상점, 판매점 | 买 mǎi 튕 사다 | 东西 dōngxi 몡 물건, 것

해설 핵심어인 '商店(상점)'을 근거로 정답은 D다.

31 – 35

A	diǎn. 10 点。	A 10시요.
B	Huì. 会。	B 할 줄 압니다.
C	yuè　rì. 5 月 26 日。	C 5월 26일입니다.
D	Xǐhuan. 喜欢。	D 좋아합니다.
E	Xièxie, wǒ bù hē. 谢谢，我 不 喝。	E 감사합니다, 저는 안 마실게요.
F	Zhōngguórén. 中国人。	F 중국인입니다.

단어　点 diǎn 양 시 | 会 huì 조동 (배워서) ~할 수 있다 | 月 yuè 명 월, 달 | 日 rì 명 일, 날 | 喜欢 xǐhuan 동 좋아하다 | 谢谢 xièxie 동 감사합니다, 고맙습니다 | 喝 hē 동 마시다 | 中国 Zhōngguó 고유 중국 | 人 rén 명 사람

31

Tā huì shuō Hànyǔ ma?
他 会 说 汉语 吗？　　　B　　그는 중국어를 할 줄 아나요?

단어　会 huì 조동 (배워서) ~할 수 있다. ~할 줄 알다 | 说 shuō 동 말하다 | 汉语 Hànyǔ 명 중국어 | 吗 ma 조 문장 끝에 쓰여 의문의 어기를 나타냄

해설　문장의 핵심어는 '会(할 수 있다)'이다. 할 수 있는지의 여부에 적합한 정답은 B다.

32

Tā xǐhuan xuéxiào ma?
她 喜欢 学校 吗？　　　D　　그녀는 학교를 좋아하나요?

단어　喜欢 xǐhuan 동 좋아하다 | 学校 xuéxiào 명 학교 | 吗 ma 조 문장 끝에 쓰여 의문의 어기를 나타냄

해설　질문이 대상을 좋아하는지에 대해 묻고 있으므로 정답은 D다.

33

Nǐ jǐ diǎn qù yīyuàn?
你 几 点 去 医院？　　　A　　당신은 몇 시에 병원에 가나요?

단어　几 jǐ 수 몇 | 点 diǎn 양 시 | 去 qù 동 가다 | 医院 yīyuàn 명 병원

해설　문장의 핵심어는 '几点(몇 시)'이다. 따라서 정답은 시간이 나와 있는 A다.

34

Jīntiān shì jǐ yuè jǐ rì? 今天 是 几 月 几 日?	C	오늘은 <u>몇 월 며칠</u>인가요?

단어 今天 jīntiān 몡 오늘 | 是 shì 동 ~이다 | 几 jǐ 쥐 몇 | 月 yuè 몡 월, 달 | 日 rì 몡 일, 날

해설 날짜에 대해서 묻고 있으므로 날짜를 표현한 C가 정답이다.

35

Tā shì nǎ guó rén? 他 是 哪 国 人?	F	그는 <u>어느 나라 사람</u>인가요?

단어 是 shì 동 ~이다 | 哪 nǎ 대 어느 | 国 guó 몡 나라 | 人 rén 몡 사람

해설 문제의 핵심은 국적을 묻는 '哪国人(어느 나라 사람)'이다. 따라서 F가 정답이다.

독해 제4부분

36 ~ 40

xià yǔ A 下雨	zuò B 坐	nǎr C 哪儿	A 비가 오다	B 타다	C 어디
xīngqī D 星期	shuìjiào E 睡觉	qián F 钱	D 요일	E 잠을 자다	F 돈

단어 下雨 xiàyǔ 동 비가 오다(내리다) | 坐 zuò 동 (교통수단을) 타다 | 哪儿 nǎr 대 어디, 어느 곳 | 星期 xīngqī 몡 요일, 주 | 睡觉 shuìjiào 동 잠을 자다 | 钱 qián 몡 화폐, 돈

36

Wǒ zuò fēijī qù Běijīng. 我 (B 坐) 飞机 去 北京。	저는 <u>비행기를</u> (B 타고) 베이징에 갑니다.

단어 飞机 fēijī 몡 비행기 | 去 qù 동 가다 | 北京 Běijīng 고유 베이징, 북경

해설 빈칸 뒤의 교통수단을 근거로 '타다'의 뜻을 가진 동사 B가 정답이다.

37

Xīngqītiān wǒ zài jiā shuìjiào. 星期天 我 在家 (E 睡觉)。	일요일에 저는 <u>집에서</u> (E 잠을 잡니다).

단어 星期天 xīngqītiān 몡 일요일 | 在 zài 개 ~에, ~에서 | 家 jiā 몡 집

해설 집에서 할 수 있는 동작을 나타내는 E가 정답이다.

38

Jīntiān hěn lěng,　　xià yǔ　le.
今天　很 冷，(A 下 雨) 了。

오늘은 춥습니다, (A 비가 왔습니다).

단어　今天 jīntiān 몡 오늘 | 很 hěn 틘 매우, 대단히 | 冷 lěng 혱 춥다, 차다

해설　빈칸 앞의 내용이 날씨에 관한 이야기이므로 날씨 표현인 A가 정답이다.

39

Zhè běn shū duōshao　qián?
男 : 这　本 书　多少 (F 钱)?

Shíwǔ kuài.
女 : 十五　块。

남 : 이 책은 얼마 (F 하나요)?

여 : 15위안입니다.

단어　这 zhè 떼 이것 | 本 běn 혱 권 | 书 shū 몡 책 | 多少 duōshao 떼 얼마, 몇 | 十五 shíwǔ 㑞 열다섯, 15 | 块 kuài 혱 위안(중국 화폐 단위)

해설　여자의 답변을 근거로 '가격', '돈'을 나타내는 F가 정답이다.

40

Nǐ qù　　nǎr　a?
女 : 你 去 (C 哪儿) 啊?

Wǒ qù fàndiàn.
男 : 我　去 饭店。

여 : 당신은 (C 어디) 가나요?

남 : 저는 식당에 가요.

단어　去 qù 툉 가다 | 饭店 fàndiàn 몡 식당

해설　남자의 답변에 장소가 있으므로 장소를 물을 때 사용하는 의문대명사 C가 정답이다.

新HSK **1**급

실전 모의고사
1·2·3회
정답 및 해설

실전 모의고사 1

>> 실전 모의고사 5p

듣기 听力 🎧 실전 모의고사 1회

제1부분	1 ✓	2 ✓	3 ✗	4 ✗	5 ✓
제2부분	6 A	7 C	8 C	9 C	10 A
제3부분	11 D	12 F	13 E	14 A	15 C
제4부분	16 A	17 A	18 C	19 A	20 B

독해 阅读

제1부분	21 ✓	22 ✗	23 ✗	24 ✗	25 ✓
제2부분	26 D	27 E	28 A	29 F	30 B
제3부분	31 D	32 C	33 B	34 A	35 F
제4부분	36 B	37 C	38 A	39 E	40 F

1

hěn lěng
很 冷 　(√)

매우 춥다

단어 很 hěn 툇 매우, 대단히 | 冷 lěng 혱 춥다, 차다

해설 사진 속 눈과 눈사람, 아이의 옷차림으로 추운 날씨임을 알 수 있다. 따라서 정답은 √다.

2

dǎ diànhuà
打 电话 　(√)

전화를 걸다

단어 打 dǎ 통 (손이나 기구를 이용하여) 치다, 두드리다 | 电话 diànhuà 몡 전화

해설 사진 속의 여자가 전화를 걸고 있으므로 정답은 √다.

3

qù shāngdiàn
去 　商店 　(×)

상점에 가다

단어 去 qù 통 가다 | 商店 shāngdiàn 몡 상점, 판매점

해설 사진 속 장소는 '병원 医院 yīyuàn'이므로 정답은 ✕다.

4

mǎi píngguǒ
买 　苹果 　(×)

사과를 사다

단어 买 mǎi 통 사다 | 苹果 píngguǒ 몡 사과

해설 사진 속 인물은 물을 마시고 있으므로 정답은 ✕다.

5

chī dōngxi
吃 东西 　(√)

먹을 것을 먹다

단어 　吃chī 통 먹다 ｜ 东西 dōngxi 명 것, 물건

해설 　사진 속 인물이 무언가를 먹고 있는 동작을 나타내고 있으므로 정답은 ✓다.

Tip

东西는 'dōngxī'로 발음하면 동서남북에서 동쪽과 서쪽을 나타내지만, 'dōngxi'로 발음하면 (구체적인 혹은 추상적인) 것, 물건을 나타낸다.

듣기 제2부분

6

A

B

C

| Jīntiān tiānqì hěn hǎo.
今天　天气　很　好。 | 오늘 날씨는 좋습니다. | （ A ） |

단어 　今天 jīntiān 명 오늘 ｜ 天气 tiānqì 명 날씨 ｜ 很 hěn 부 매우, 대단히 ｜ 好 hǎo 형 좋다

해설 　날씨가 좋다라는 녹음 내용과 일치하는 사진은 A다.

Tip

▶ 날씨 관련 표현

天气 tiānqì 날씨	天气 tiānqì 날씨
暖和 nuǎnhuo 따뜻하다	暖和 nuǎnhuo 따뜻하다
热 rè 덥다	热 rè 덥다
凉快 liángkuai 시원하다	凉快 liángkuai 시원하다
冷 lěng 춥다	冷 lěng 춥다

7

A

B

C ✓

| Tā zài kàn shū ne.
他 在 看 书 呢。 | 그는 책을 보고 있습니다. | （ C ） |

단어 在 zài 凰 ~하고 있디 | 看 kàn 동 보디 | 书 shū 명 책 | 呢 ne 조 시술문 뒤에 쓰여 동작이니 상황이 지속됨을 나타냄

해설 '看书(책을 보다)'라는 단어를 근거로 정답은 C다.

Tip

▶ 동작의 진행: 在/ 正在 + 동사 ……(呢)

☞ 동작의 진행은 동작이 현재 진행 중임(~을 하고 있는 중이다)을 나타내는 것으로, 동사 앞에 부사 '在, 正在'를 사용하며, 문장 맨 마지막에 '呢'는 생략할 수 있다.

	주어	부사	술어	목적어	어기조사
①	他们	在	看	电影	呢。
	인칭대명사	(진행)	동사	명사	(진행)

Tāmen zài kàn diànyǐng ne. 그들은 영화를 보고 있는 중입니다.

	주어		부사	술어 + 목적어
②	我	弟弟	正在	打 篮球。
	인칭대명사	사람명사	(진행)	동사 + 명사

Wǒ dìdi zhèngzài dǎ lánqiú. 제 남동생은 농구를 하고 있는 중입니다.

8

| A | B | C ✓ |

Wǒ de xiǎo māo zài shuìjiào.
我 的 小 猫 在 睡觉。　　　　저의 고양이는 자고 있습니다.　　　　(C)

단어 的 de 조 ~의 | 小 xiǎo 형 (나이 등이) 적다, 어리다 | 猫 māo 명 고양이 | 在 zài 凰 ~하고 있다 | 睡觉 shuìjiào 동 잠을 자다

해설 '小猫(고양이)'라는 단어를 통해 정답이 C임을 알 수 있다.

9

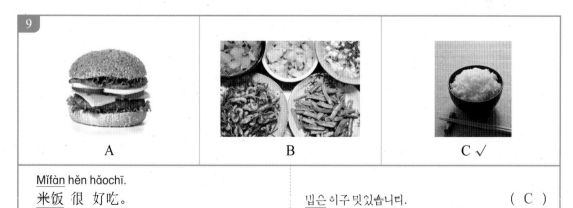

| A | B | C ✓ |

Mǐfàn hěn hǎochī.
米饭 很 好吃。　　　　밥은 아주 맛있습니다.　　　　(C)

단어 米饭 mǐfàn 명 밥, 쌀밥 | 很 hěn 凰 매우, 대단히 | 好吃 hǎochī 형 맛있다

해설 '米饭(밥)'이라는 단어를 통해 정답이 C임을 알 수 있다.

10		
A ✓	B	C

Zhè shì wǒ de yǐzi.
这 是 我 的 椅子。

이것은 제 의자입니다.　　　　　　(A)

 这 zhè 때 이것 | 是 shì 통 ~이다 | 的 de 조 ~의 | 椅子 yǐzi 몡 의자

해설 '椅子(의자)'라는 단어를 통해 정답이 A임을 알 수 있다.

듣기 听力 제3부분

11 – 15

A　　B

C　　D

E　　F

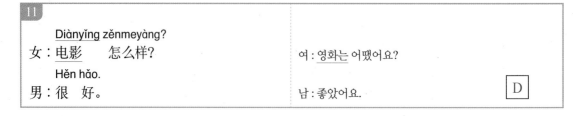

11	
Diànyǐng zěnmeyàng? 女：电影　怎么样？ Hěn hǎo. 男：很 好。	여 : 영화는 어땠어요? 남 : 좋았어요.　　D

단어 电影 diànyǐng 몡 영화 | 怎么样 zěnmeyàng 데 어떻다, 어떠하다 | 很 hěn 뵘 매우, 대단히 | 好 hǎo 혱 좋다

해설 영화에 대해서 이야기하고 있으므로 정답은 D다.

12

男 : <u>Zhè běn shū shì shéi de?</u>
这 本 书 是 谁 的?

女 : Shì wǒ péngyou de.
是 我 朋友 的。

남 : <u>이 책은 누구의 것인가요?</u>

여 : 제 친구 거예요.

F

단어 这 zhè 데 이것 | 本 běn 양 권 | 书 shū 몡 책 | 谁 shéi 데 누구 | 的 de 조 ~의것 | 朋友 péngyou 몡 친구

해설 핵심어인 '书(책)'를 통해 정답이 F임을 알 수 있다.

13

女 : Jīntiān yìtiān dōu zài xià yǔ.
今天 一天 都 在 下雨。

男 : Shì de, hěn lěng.
是 的, 很 冷。

여 : 오늘 하루 종일 비가 오네요.

남 : 네, 추워요.

E

단어 今天 jīntiān 몡 오늘 | 一天 yìtiān 몡 하루 | 都 dōu 뵘 모두, 다, 전부 | 在 zài 뵘 ~하고 있다 | 下雨 xiàyǔ 동 비가 오다 | 是的 shì de 그렇다, 맞다 | 很 hěn 뵘 매우, 대단히 | 冷 lěng 혱 춥다, 차다

해설 비가 오는 날씨에 대해서 대화가 이루어지고 있으므로 정답은 E다.

14

男 : Nǎge bēizi shì nǐ de?
哪个 杯子 是 你 的?

女 : Dà de nàge shì wǒ de.
大 的 那个 是 我 的。

남 : 어떤 컵이 당신 것인가요?

여 : 큰 저것이 저의 것이에요.

A

단어 哪个 nǎge 데 어느(것) | 杯子 bēizi 몡 잔, 컵 | 是 shì 동 ~이다 | 的 de 조 ~의것 | 大 dà 혱 크다 | 那个 nàge 데 그것, 저것

해설 '杯子(컵)'라는 단어를 근거로 정답이 A임을 알 수 있다.

15

女 : Nǐ nǚ'ér zài nǎr?
你 女儿 在 哪儿?

男 : Zài xuéxiào shàngkè.
在 学校 上课。

여 : 당신 딸은 어디에 있나요?

남 : 학교에서 수업 중이에요.

C

단어 女儿 nǚ'ér 몡 딸 | 在 zài 동 ~에 있다 | 哪儿 nǎr 데 어디, 어느 곳 | 学校 xuéxiào 몡 학교 | 上课 shàngkè 동 수업을 듣다

해설 핵심어 '学校(학교)'라는 단어를 통해 정답이 C임을 알 수 있다.

16

Wǒ huì shuō Hànyǔ.
我 会 说 汉语。

저는 중국어를 할 수 있습니다.

Tā huì shuō shénme?
问 : 她 会 说 什么?

문 : 그녀는 무엇을 말할 수 있는가?

    Hànyǔ   Hányǔ   Rìyǔ
A 汉语   B 韩语   C 日语

A 중국어   B 한국어   C 일어

단어 会 huì 조동 (배워서) ~할 수 있다, ~할 줄 알다 | 说 shuō 동 말하다 | 汉语 Hànyǔ 명 중국어 | 什么 shénme 대 무엇 | 韩语 Hányǔ 명 한국어 | 日语 Rìyǔ 명 일본어

해설 말할 줄 아는 대상이 중국어이므로 정답은 A다.

17

Māma xǐhuan dà bēizi.
妈妈 喜欢 大 杯子。

엄마는 큰 컵을 좋아합니다.

Māma xǐhuan shénmeyàng de bēizi?
问 : 妈妈 喜欢 什么样 的 杯子?

문 : 엄마는 어떤 모양의 컵을 좋아하는가?

    dà de   xiǎo de   piàoliang de
A 大的 B 小的 C 漂亮 的

A 큰 것   B 작은 것   C 예쁜 것

단어 妈妈 māma 명 엄마, 어머니 | 喜欢 xǐhuan 동 좋아하다 | 大 dà 형 크다 | 杯子 bēizi 명 잔, 컵 | 什么样 shénmeyàng 대 어떠한, 어떤 모양 | 小 xiǎo 형 작다 | 漂亮 piàoliang 형 예쁘다, 아름답다, 보기 좋다

해설 '杯子(컵)'를 수식하는 단어 '大(크다)'를 근거로 정답은 A다.

18

Jīntiān xīngqīyī, wǒ yào qù xuéxiào.
今天 星期一 , 我 要 去 学校。

오늘은 월요일입니다, 저는 학교에 가야 합니다.

Jīntiān xīngqī jǐ?
问 : 今天 星期 几?

문 : 오늘은 무슨 요일인가?

    xīngqī'èr   xīngqīsì   xīngqīyī
A 星期二 B 星期四 C 星期一

A 화요일   B 목요일   C 월요일

단어 今天 jīntiān 명 오늘 | 星期一 xīngqīyī 명 월요일 | 要 yào 조동 ~해야 한다 | 去 qù 동 가다 | 学校 xuéxiào 명 학교 | 星期 xīngqī 명 요일 | 几 jǐ 주 몇 | 星期二 xīngqī'èr 명 화요일 | 星期四 xīngqīsì 명 목요일

해설 오늘은 월요일이라고 하였으므로 정답은 C다.

Tip

▶ 날짜 관련 표현

| 월, 일 | 月 yuè 월 | 号 hào = 日 rì 일 |

| 昨天 zuótiān 어제 | 今天 jīntiān 오늘 | 明天 míngtiān 내일 |

| 요일, 주 | 星期 xīngqī 요일, 주 |

| 星期一
xīngqīyī
월요일 | 星期二
xīngqī'èr
화요일 | 星期三
xīngqīsān
수요일 | 星期四
xīngqīsì
목요일 | 星期五
xīngqīwǔ
금요일 | 星期六
xīngqīliù
토요일 | 星期天
xīngqītiān
星期日
xīngqīrì
일요일 |

19

Tā zuò de cài hěn hǎochī.
她 做 的 菜 很 好吃。

그녀가 만든 요리는 매우 맛있습니다.

Tā zuò de cài zěnmeyàng?
问：她 做 的 菜 怎么样？

문 : 그녀가 만든 요리는 어떠한가?

| | hǎochī | hěn duō | hěn shǎo |
| A 好吃 | B 很 多 | C 很 少 |

A 맛있다   B 많다   C 적다

단어 做 zuò 图 만들다 | 菜 cài 閉 반찬, 요리 | 很 hěn 图 매우, 대단히 | 好吃 hǎochī 图 맛있다 | 多 duō 图 많다 | 少 shǎo 图 적다

해설 문장의 술어 부분인 '好吃(맛있다)'에 근거하여 답이 A임을 알 수 있다.

20

Wǒ bàba jīnnián sìshísì suì le.
我 爸爸 今年 四十四 岁 了。

저희 아빠는 올해 44세입니다.

Bàba jīnnián duō dà?
问：爸爸 今年 多 大？

문 : 아빠는 올해 연세가 어떻게 되는가?

| sìshí suì | sìshísì suì | shísì suì |
| A 四十 岁 | B 四十四 岁 | C 十四 岁 |

A 40세   B 44세   C 14세

단어 爸爸 bàba 閉 아빠, 아버지 | 今年 jīnnián 閉 올해, 금년 | 四十四 sìshísì 图 마흔넷, 44 | 岁 suì 閉 살, 세 | 多大 duōdà (나이가) 얼마인가 | 四十 sìshí 图 마흔, 40 | 十四 shísì 图 열넷, 14

해설 핵심어인 숫자 '四十四(44)'를 근거로 정답이 B임을 알 수 있다.

21

jiā
家
집   (√)

해설) 사진이 보여주는 장소가 집이므로 정답은 √다.

22

yīshēng
医生
의사   (×)

해설) 사진 속 인물의 직업은 학생임으로 제시된 '医生(의사)'과 거리가 멀다. 따라서 정답은 X다.

23

gāoxìng
高兴
기쁘다   (×)

해설) 사진 속 인물은 울고(哭 kū)있으므로 정답은 X다.

24

xià yǔ
下雨
비가 오다   (×)

해설) 사진 속 장면을 형용할 수 있는 말은 '날씨가 좋다 天气很好 tiānqì hěn hǎo'이지 비가 내리는 것이 아니므로 정답은 X다.

25

cài
菜
요리, 반찬   (√)

해설) 사진과 제시된 단어가 일치하므로 정답은 √다.

26 – 30

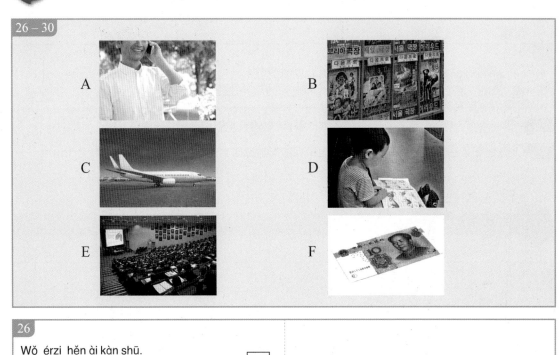

26

Wǒ érzi hěn ài kàn shū.
我 儿子 很 爱 看书。

D

제 아들은 책 보는 것을 좋아합니다.

단어 儿子 érzi 몡 아들 | 很 hěn 뷔 매우, 대단히 | 爱 ài 통 (어떤 일을 취미로서) 애호하다, 좋아하다 | 看 kàn 통 보다 | 书 shū 몡 책

해설 '看书(책을 보다)'를 근거로 책을 보고 있는 남자 아이 사진인 D가 정답이다.

27

Xuéxiào li yǒu hěn duō rén.
学校 里有 很 多人。

E

학교에 많은 사람이 있습니다.

단어 学校 Xuéxiào 몡 학교 | 有 yǒu 통 있다 | 很 hěn 뷔 매우, 대단히 | 多 duō 혭 (수량이) 많다 | 人 rén 몡 사람, 인간

해설 '很多人(많은 사람)'을 근거로 정답이 E임을 알 수 있다.

28

Bàba zhèngzài dǎ diànhuà ne.
爸爸 正在 打电话 呢。

A

아버지는 지금 전화를 하고 계십니다.

단어 爸爸 bàba 몡 아빠, 아버지 | 正在 zhèngzài 뷔 ~하고 있다 | 打电话 dǎ diànhuà 전화를 걸다

해설 동작을 나타내는 '打电话(전화하다)' 단어를 근거로 정답은 A다.

29

Zhuōzi shang yǒu kuài qián.
桌子 上 有 10 块 钱。

F

탁자 위에 10위안이 있습니다.

桌子 zhuōzi 몡 탁자, 책상 | 上 shang 몡 ~에서, ~상 | 有 yǒu 됭 있다 | 十 shí 주 열, 10 | 块 kuài 얭 위안(중국 화폐 단위) | 钱 qián 몡 화폐, 돈

핵심어 '10块(10위안)'를 근거로 정답은 F다.

30

Wǒ hěn xǐhuan kàn diànyǐng. 我 很 喜欢 看 电影。 B	저는 영화 보는 것을 매우 좋아합니다.

很 hěn 冟 매우, 대단히 | 喜欢 xǐhuan 됭 좋아하다 | 看 kàn 됭 보다 | 电影 diànyǐng 몡 영화

'电影(영화)'을 근거로 영화포스터가 붙어있는 사진 B가 가장 적합함을 알 수 있다.

독해 제3부분

31 – 35

fēnzhōng. A 20 分钟。	A 20분이요.
Hǎochī. B 好吃。	B 맛있어요.
Xià yǔ. C 下 雨。	C 비가 와요.
suì. D 12 岁。	D 12살입니다.
Xièxie, wǒ bù hē. E 谢谢，我 不 喝。	E 감사합니다, 저는 안 마실게요.
Lǎoshī. F 老师。	F 선생님이세요.

分钟 fēnzhōng 몡 분 | 好吃 hǎochī 혱 맛있다 | 下雨 xià yǔ 비가 오다(내리다) | 岁 suì 몡 살, 세 | 谢谢 xièxie 됭 감사합니다, 고맙습니다 | 喝 hē 됭 마시다 | 老师 lǎoshī 몡 선생님

31

Nǐ érzi jīnnián jǐ suì le? 你 儿子 今年 几 岁 了? D	당신의 아들은 올해 몇 살입니까?

儿子 érzi 몡 아들 | 今年 jīnnián 몡 올해, 금년 | 几 jǐ 주 몇 | 岁 suì 몡 살, 세

나이에 대해 묻고 있으므로 나이가 나와 있는 D가 정답이다.

32

Jīntiān tiānqì zěnmeyàng?

今天 天气 怎么样?　　　C　　오늘 날씨는 어떤가요?

단어　今天 jīntiān 몡 오늘 | 天气 tiānqì 몡 날씨 | 怎么样 zěnmeyàng 떼 어떻다, 어떠하다

해설　날씨에 대해 묻고 있으므로 날씨를 표현하는 C가 정답이다.

33

Píngguǒ hǎochī ma?

苹果 好吃 吗?　　　B　　사과 맛있어요?

단어　苹果 píngguǒ 몡 사과 | 好吃 hǎochī 혱 맛있다, 맛나다

해설　문장의 핵심어는 '好吃(맛있다)'이다. 공통의 단어를 보여주고 있는 B가 정답이다.

34

Qù xuéxiào yào jǐ fēnzhōng?

去 学校 要 几 分钟?　　　A　　학교 가는데 몇 분 걸리나요?

단어　去 qù 통 가다 | 学校 xuéxiào 몡 학교 | 要 yào 통 필요하다 | 几 jǐ 쥐 몇, 얼마 | 分钟 fēnzhōng 몡 분

해설　얼마나 걸리는지 시간에 대해 묻고 있으므로 정답은 A다.

35

Nǐ māma shì zuò shénme gōngzuò de?

你 妈妈 是 做 什么 工作 的?　　　F　　당신 엄마는 무슨 일을 하시나요?

단어　妈妈 māma 몡 엄마, 어머니 | 是 shì 통 ~이다 | 做 zuò 통 하다, 종사하다 | 什么 shénme 떼 무엇 | 工作 gōngzuò 몡 직업, 일

해설　무슨 일을 하는지 직업에 대해 묻고 있으므로 F가 정답이다.

독해　제4부분

36 – 40

	xǐhuan		míngzi		rènshi			
A 喜欢		B 名字		C 认识		A 좋아하다	B 이름	C 알다
	xīngqī		zěnmeyàng		lěng			
D 星期		E 怎么样		F 冷		D 요일	E 어떻다	F 춥다

단어　喜欢 xǐhuan 통 좋아하다 | 名字 míngzi 몡 이름, 성명 | 认识 rènshi 통 알다, 인식하다 | 星期 xīngqī 몡 요일, 주 | 怎么样 zěnmeyàng 떼 어떻다, 어떠하다 | 冷 lěng 혱 춥다, 차다

36

Wǒ de míngzi jiào Lǐ Míng. 我 的 (B 名字) 叫 李明。	제 (B 이름) 은 리밍입니다.

단어 叫 jiào 통 부르다

해설 빈칸 뒤의 동사 '叫(부르다)'를 근거로 이름을 나타내는 B가 정답이다.

37

Hěn gāoxìng rènshi nǐ. 很 高兴 (C 认识) 你。	당신을 (C 알게 되어) 매우 기쁩니다.

단어 很 hěn 부 매우, 대단히 | 高兴 gāoxìng 형 기쁘다

해설 빈칸 뒤에 목적어가 있으므로 빈칸에 들어갈 단어의 품사는 동사이다. 동사 중 의미적으로 맞는 단어를 찾으면 정답은 C다.

38

Mǎlì hěn xǐhuan xuéxí Hànyǔ. 玛丽 很 (A 喜欢) 学习汉语。	마리는 중국어 공부하는 것을 매우 (A 좋아합니다).

단어 很 hěn 부 매우, 대단히 | 学习 xuéxí 통 학습하다, 공부하다 | 汉语 Hànyǔ 명 중국어

해설 빈칸 뒤에 목적어 '学习汉语(중국어를 공부하다)'를 미루어 동사구 목적어를 쓸 수 있는 동사 A가 정답이다.

39

Zhège bēizi zěnmeyàng? 男 : 这个 杯子 (E 怎么样)? Hěn piàoliang. 女 : 很 漂亮。	여 : 이 컵 (E 어때요)? 남 : 아주 예뻐요.

단어 这个 zhège 대 이것 | 杯子 bēizi 명 잔, 컵 | 很 hěn 부 매우, 대단히 | 漂亮 piàoliang 형 예쁘다, 아름답다, 보기 좋다

해설 남자가 여자에게 컵에 대해서 묻고 있으므로 의견을 물을 때 쓰는 의문대명사 E가 정답이다.

40

Jīntiān tiānqì hǎo ma? 女 : 今天 天气 好 吗? Bú tài hǎo, hěn lěng. 男 : 不太 好, 很 (F 冷)。	남 : 오늘 날씨가 좋은가요? 여 : 별로 좋지 않아요, (F 추워요).

단어 今天 jīntiān 명 오늘 | 天气 tiānqì 명 날씨 | 好 hǎo 형 좋다 | 不太 bú tài 별로 | 很 hěn 부 매우, 대단히

해설 남녀 대화의 주제는 날씨이다. 날씨를 표현하는 F가 정답이다.

실전 모의고사 2

>> 실전 모의고사 15p

듣기 听力 🎧 실전 모의고사 2회

제1부분	1 ✓	2 ✓	3 ✕	4 ✕	5 ✓
제2부분	6 B	7 A	8 C	9 B	10 B
제3부분	11 C	12 E	13 A	14 F	15 D
제4부분	16 A	17 C	18 C	19 B	20 A

독해 阅读

제1부분	21 ✕	22 ✓	23 ✕	24 ✓	25 ✕
제2부분	26 F	27 D	28 B	29 E	30 A
제3부분	31 A	32 C	33 B	34 F	35 D
제4부분	36 F	37 A	38 B	39 E	40 C

1

zài Zhōngguó
在 中国

중국에 있다 (√)

단어 在 zài 통 ~에 있다 | 中国 Zhōngguó 고유 중국

해설 사진 속 지도가 나타내고 있는 국가는 중국이므로 정답은 √다.

2

xiàwǔ jiàn
下午 见

오후에 보다 (√)

단어 下午 xiàwǔ 명 오후 | 见 jiàn 통 만나다, 보다

해설 사진 속 인물이 작별 인사를 하고 있으므로 정답은 √다.

3

qī diǎn shí fēn
七点 十 分

7시 10분 (×)

단어 七 qī 수 일곱, 7 | 点 diǎn 양 시 | 十 shí 수 열, 10 | 分 fēn 명 분

해설 사진 속 시간은 10시 10분이므로 녹음과 일치하지 않는다. 따라서 정답은 X다.

4

shuìjiào
睡觉

잠을 자다 (×)

해설 사진 속 인물은 음식을 먹고 있으므로 정답은 X다.

5

xiě zì
写字

글을 쓰다 (√)

단어) 写 xiě 통 쓰다, 짓다, 창작하다 | 字 zì 명 문자, 글자

해설) 사진이 묘사하는 모습도 글을 쓰고 있는 동작이므로 녹음과 일치한다. 따라서 정답은 √다.

듣기 听力 제2부분

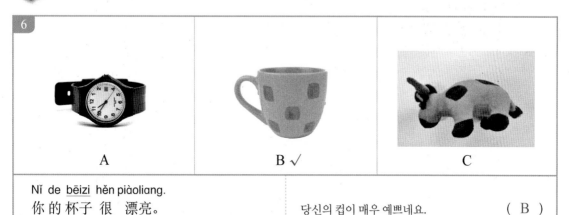

6		
A	B √	C

Nǐ de bēizi hěn piàoliang.
你 的 杯子 很 漂亮。 　　　당신의 컵이 매우 예쁘네요. 　　(B)

단어) 的 de 조 ~의 | 杯子 bēizi 명 잔, 컵 | 很 hěn 부 매우, 대단히 | 漂亮 piàoliang 형 예쁘다, 아름답다, 보기 좋다

해설) 핵심어는 '杯子(컵)'이다. 따라서 컵 사진인 B가 정답이다.

7		
A √	B	C

Wǒ zài xuéxiào xuéxí.
我 在 学校 学习。 　　　저는 학교에서 공부를 합니다. 　　(A)

단어) 在 zài 개 ~에, ~에서 | 学校 xuéxiào 명 학교 | 学习 xuéxí 통 학습하다, 공부하다, 배우다

해설) 공부를 하고 있다고 하였으므로 정답은 A다.

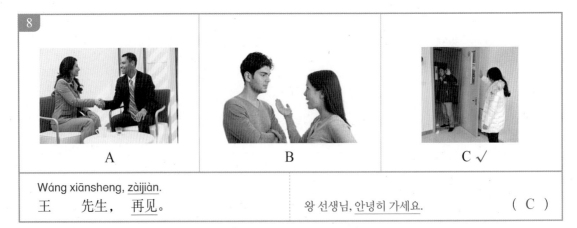

8

Wáng xiānsheng, zàijiàn.

王　　先生，　再见。

왕 선생님, 안녕히 가세요.　　　　　　　(C)

단어 先生 xiānsheng 몡 선생님, 씨 (성인 남성에 대한 경칭) | 再见 zàijiàn 동 또 뵙겠습니다, 안녕히 계세요 (가세요)

해설 '再见(안녕히 가세요)'은 헤어질 때 하는 인사 표현이므로 정답은 C다.

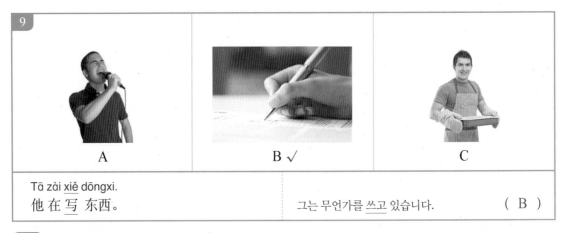

9

Tā zài xiě dōngxi.

他 在 写 东西。

그는 무언가를 쓰고 있습니다.　　　　　　(B)

단어 在 zài 閉 ~하고 있다 | 写 xiě 동 쓰다 | 东西 dōngxi 몡 것, 물건

해설 '写(쓰다)'를 근거로 정답은 B다.

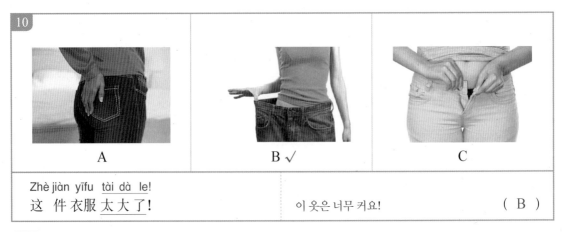

10

Zhè jiàn yīfu tài dà le!

这 件衣服 太大了!

이 옷은 너무 커요!　　　　　　　　　　(B)

단어 件 jiàn 양 벌, 개 | 衣服 yīfu 몡 옷 | 太 tài 閉 너무 | 大 dà 혱 크다, 넓다

해설 옷이 '太大(너무 크다)'라고 하였으므로 정답은 B다.

11 – 15

A

B

C 学

D

E

F

11

Zhège zì zěnme dú?
男：这个 字 怎么 读?

"Xué", "xuéxí" de "xué".
女："学","学习" 的 "学"。

남 : 이 글자는 어떻게 읽어요?

여 : "학", "학습"의 "학"이에요.

C

단어 这个 zhège 데 이것 | 字 zì 명 문자, 글자 | 怎么 zěnme 데 어떻게 | 读 dú 동 읽다 | 学 xué 동 배우다, 학습하다 | 学习 xuéxí 동 학습하다, 공부하다 | 的 de 조 ~의

해설 어떻게 읽는지 묻는 남자의 말에 여자가 '学'라고 답변하고 있으므로 정답은 C다.

12

Nǐ xǐhuan Běijīng ma?
女：你 喜欢 北京 吗?

Hěn xǐhuan. Wǒ ài Zhōngguó.
男：很 喜欢。 我 爱 中国。

여 : 당신은 베이징을 좋아하나요?

남 : 아주 좋아해요. 저는 중국을 사랑해요.

E

단어 喜欢 xǐhuan 동 좋아하다 | 北京 Běijīng 고유 베이징, 북경 | 很 hěn 부 매우, 대단히 | 爱 ài 동 사랑하다, 좋아하다 | 中国 Zhōngguó 고유 중국

해설 여자의 질문에 남자는 '中国(중국)'이라고 대답하였으므로 중국을 대표하는 천안문 사진인 E가 정답이다.

13	
Nà wèi xiǎojiě shì sheí? 男：那 位 小姐 是 谁? Tā shì wǒ nǚ'ér. 女：她 是 我 女儿。	남 : 저 아가씨는 누구예요? 여 : 그녀는 제 딸이에요. A

단어 那 nà 때 그, 저 │ 位 wèi 앵 분, 명 │ 小姐 xiǎojiě 몡 아가씨, 젊은 여자 │ 是 shì 동 ~이다 │ 谁 sheí 때 누구 │ 女儿 nǚ'ér 명 딸

해설 남녀가 인물에 대해 대화하고 있으므로 사진 A가 정답이다.

14	
Míngtiān wǒ xiǎng qù xuéxiào. 女：明天 我 想 去 学校。 Tài hǎo le, Wǒmen yìqǐ qù ba. 男：太 好了，我们 一起 去 吧。	여 : 내일 저는 학교에 가려고 해요. 남 : 정말 잘됐네요, 우리 같이 가요. F

단어 明天 míngtiān 몡 내일 │ 想 xiǎng 동 ~하려고 하다 │ 去 qù 동 가다 │ 学校 xuéxiào 몡 학교 │ 太 tài 뷘 너무 │ 好 hǎo 혱 좋다 │ 我们 wǒmen 때 우리(들) │ 一起 yìqǐ 뷘 함께, 같이 │ 吧 ba 죄 문장 맨 끝에 쓰여, 상의·제의·청유·기대·명령 등의 어기를 나타냄

해설 여자가 '学校(학교)'에 간다고 하였으므로 학교 정문 사진인 F가 정답이다.

15	
Zhè jiàn yīfu duōshao qián? 男：这 件 衣服 多少 钱? Wǔshí kuài. 女：五十 块。	남 : 이 옷은 얼마예요? 여 : 50위안이에요. D

단어 这 zhè 때 이것 │ 件 jiàn 앵 벌, 개 │ 衣服 yīfu 몡 옷 │ 多少 duōshao 때 얼마, 몇 │ 钱 qián 몡 화폐, 돈 │ 五十 wǔshí 준 오십, 50 │ 块 kuài 앵 위안(중국 화폐 단위)

해설 핵심어는 '衣服(옷)'이므로 옷 사진인 D가 정답이다.

 듣기 제4부분

16	
Zuótiān shì wǔ yuè shíqī rì, xīngqīyī. 昨天 是 五月 十七 日，星期一。 Zuótiān xīngqī jǐ? 问：昨天 星期 几? xīngqīyī xīngqī'èr xīngqīsān A 星期一 B 星期二 C 星期三	어제는 5월 17일, 월요일이었습니다. 문 : 어제는 무슨 요일인가? A 월요일 B 화요일 C 수요일

단어 昨天 zuótiān 몡 어제 ┃ 月 yuè 몡 월 ┃ 日 rì 몡 일 ┃ 星期一 xīngqīyī 몡 월요일 ┃ 星期 xīngqī 몡 요일 ┃ 几 jǐ 쥐 몇 ┃ 星期二 xīngqī'èr 몡 화요일 ┃ 星期三 xīngqīsān 몡 수요일

해설 어제는 월요일이었다고 하였으므로 정답은 A다.

17

Tā ài chī shuǐguǒ, wǒ xǐhuan hē chá.
她 爱 吃 水果， 我 喜欢 喝 茶。

그녀는 과일 먹는 것을 좋아하고,
저는 차 마시는 걸 좋아합니다.

Tā xǐhuan shénme?
问 : 她 喜欢 什么?

문 : 그녀는 무엇을 좋아하나?

chī fàn	hē chá	chī shuǐguǒ
A 吃饭	B 喝茶	C 吃 水果

A 밥 먹기　　　B 차 마시기　　　C 과일 먹기

단어 爱 ài 동 사랑하다, 좋아하다 ┃ 吃 chī 동 먹다 ┃ 水果 shuǐguǒ 몡 과일 ┃ 喜欢 xǐhuan 동 좋아하다 ┃ 喝 hē 동 마시다 ┃ 茶 chá 몡 차 ┃ 饭 fàn 몡 밥, 식사

해설 자신이 아닌 그녀가 좋아하는 것을 묻고 있으므로 정답은 C다.

18

Wǒ yǒu yí ge érzi, jīnnián liù suì le.
我 有 一 个 儿子， 今年 六 岁 了。

저는 한 명의 아들이 있습니다, 올해 6살이에요.

Érzi jǐ suì le?
问 : 儿子 几 岁 了?

문 : 아들은 몇 살인가?

wǔ suì	bā suì	liù suì
A 五岁	B 八岁	C 六岁

A 5살　　　　B 8살　　　　C 6살

단어 有 yǒu 동 있다 ┃ 一 yī 쥐 하나, 1 ┃ 个 gè 양 개, 사람, 명 ┃ 儿子 érzi 몡 아들 ┃ 今年 jīnnián 몡 올해, 금년 ┃ 六 liù 쥐 여섯, 6 ┃ 岁 suì 몡 살, 세 ┃ 几 jǐ 쥐 몇 ┃ 五 wǔ 쥐 다섯, 5 ┃ 八 bā 쥐 여덟, 8

해설 숫자가 문제의 핵심이다. 올해 6살이라고 하였으므로 정답은 C다.

19

Shàngwǔ tā zài shuìjiào.
上午 他 在 睡觉。

오전에 그는 잠을 자고 있습니다.

Shàngwǔ tā zài zuò shénme?
问 : 上午 他 在 做 什么?

문 : 그는 오전에 무엇을 하고 있나?

qí zìxíngchē	shuìjiào	zuò fēijī
A 骑 自行车	B 睡觉	C 坐 飞机

A 자전거 타기　　B 잠자기　　C 비행기 타기

단어 上午 shàngwǔ 몡 오전 ┃ 在 zài 부 ~하고 있다 ┃ 睡觉 shuìjiào 동 잠을 자다 ┃ 做 zuò 동 하다, 종사하다 ┃ 什么 shénme 대 무엇 ┃ 骑 qí 동 타다 ┃ 自行车 zìxíngchē 몡 자전거 ┃ 坐 zuò 동 (교통수단을) 타다 ┃ 飞机 fēijī 몡 비행기

해설 그는 잠을 자고 있다고 하였으므로 정답은 B다.

Zhōngwǔ de shíhou, 中午　的 时候， tā hé Lǐ xiānshēng qù fàndiàn. 他和李 先生　去 饭店。 　　　Zhōngwǔ tā hé shéi qù fàndiàn? 问 : 中午　 他和谁 去 饭店? 　　　Lǐ xiānsheng　　　　Wáng xiǎojiě A 李 先生　　　B 王　 小姐 　　tóngxué C 同学	점심때, 그와 이 선생님은 식당에 갑니다. 문 : 점심에 그는 누구와 식당에 가는가? A 이 선생님　　　B 왕양 C 동창생

단어 中午 zhōngwǔ 몡 정오, 낮 12시 전후 | 的时候 de shíhou ~할 때 | 和 hé 젭 ~와 | 先生 xiānsheng 몡 선생님, 씨(성인 남성에 대한 경칭) | 去 qù 동 가다 | 饭店 fàndiàn 몡 식당 | 谁 shéi 때 누구 | 小姐 xiǎojiě 몡 아가씨, 젊은 여자 | 同学 tóngxué 몡 학교 친구, 동창(생)

해설 이 선생님과 식당에 간다고 하였으므로 정답은 A다. B와 C처럼 언급되지 않은 단어는 정답이 될 수 없다.

 독해 제1부분

21		
	fàndiàn 饭店 식당　　(×)	

해설 사진은 '집 家 jiā'로 제시어 '饭店(식당)'과는 관련이 없다. 따라서 정답은 X다.

22		
	gǒu 狗 강아지　　(√)	

해설 제시어와 사진이 동일한 강아지를 나타내므로 정답은 √다.

23		
	zhuōzi 桌子 탁자, 책상　　(×)	

해설 사진은 '의자 椅子 yǐzi'이므로 제시어와 일치하지 않는다. 따라서 정답은 X다.

24

tīng
听
듣다　　(✓)

해설 사진 속 인물이 하는 동작과 제시어 뜻이 일치하므로 정답은 ✓다.

25

fēijī
飞机
비행기　　(×)

해설 사진 속 사물은 '자전거 自行车 zìxíngchē'로 제시어와 일치하지 않는다. 따라서 정답은 X다.

독해 제2부분

26 – 30

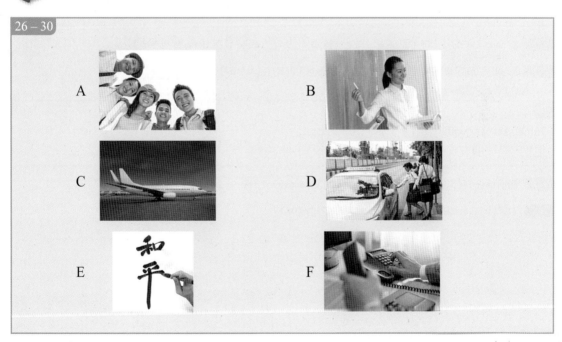

A

B

C

D

E

F

26

Tā zài dǎ diànhuà.
他 在 打 电话。　　　F　　그는 전화를 걸고 있습니다.

단어 在 zài 閉 ~하고 있다 | 打电话 dǎ diànhuà 전화를 걸다

해설 전화를 걸고 있는 동작을 묘사한 사진 F가 정답이다.

27

Wǒmen xiàwǔ zuò chūzūchē qù.

我们 下午 坐 出租车 去。 | D | 우리는 오후에 택시를 타고 갑니다.

단어 我们 wǒmen 떼 우리(들) | 下午 xiàwǔ 몡 오후 | 坐 zuò 통 (교통수단을) 타다 | 出租车 chūzūchē 몡 택시 | 去 qù 통 가다

해설 택시를 타고 간다고 하였으므로 택시를 타고 있는 사진 D가 정답이다.

28

Māma zài xuéxiào gōngzuò, shì ge lǎoshī.

妈妈 在 学校 工作, 是 个 老师。 | B | 엄마는 학교에서 일하십니다, 선생님이에요.

단어 妈妈 māma 몡 엄마, 어머니 | 在 zài 깨 ~에서 | 学校 xuéxiào 몡 학교 | 工作 gōngzuò 통 일하다 | 是 shì 통 ~이다 | 个 gè 양 개, 사람, 명 | 老师 lǎoshī 몡 선생님

해설 엄마의 직업은 선생님이므로 사진 B가 정답이다.

29

Wǒ néng xiě yìxiē Hànzì.

我 能 写 一些 汉字。 | E | 저는 한자를 조금 쓸 수 있습니다.

단어 能 néng 조통 ~할 수 있다 | 写 xiě 통 쓰다 | 一些 yìxiē 수량 약간, 조금 | 汉字 Hànzì 몡 한자

해설 문장의 '写(쓰다)'와 '汉字(한자)'를 근거로 한자 쓰는 동작이 묘사된 사진 E가 정답이다.

30

Tāmen shì péngyou.

他们 是 朋友。 | A | 그들은 친구입니다.

단어 他们 tāmen 떼 그들, 저들 | 是 shì 통 ~이다 | 朋友 péngyou 몡 친구

해설 '그들'이라고 하였으므로 인물 다수가 나온 사진 A가 정답이다.

31 – 35

diǎn zhōng qù. A 3点 钟 去。	A 3시에 가요.
Zuò fēijī. B 坐 飞机。	B 비행기 타고요.
suì. C 24 岁。	C 24살이요.
kuài. D 7 块。	D 7위안입니다.
Xièxie, wǒ bù hē. E 谢谢，我 不 喝。	E 감사합니다, 저는 안 마실게요.
Bù xǐhuan. F 不 喜欢。	F 안 좋아합니다.

단어 **点** diǎn 명 시 | **钟** zhōng 명 시간, 시각 | **去** qù 동 가다 | **坐** zuò 동 (교통수단을) 타다 | **飞机** fēijī 명 비행기 | **岁** suì 명 살, 세 | **块** kuài 양 위안(중국 화폐 단위) | **谢谢** xièxie 동 감사합니다, 고맙습니다 | **喝** hē 동 마시다 | **喜欢** xǐhuan 동 좋아하다

31

Nǐ xiàwǔ shénme shíhou qù shāngdiàn?
你 下午 什么 时候 去 商店? A 당신은 오후 언제쯤 상점에 가나요?

단어 **下午** xiàwǔ 명 오후 | **什么时候** shénme shíhou 언제 | **去** qù 동 가다 | **商店** shāngdiàn 명 상점, 판매점

해설 언제쯤에 대한 답변으로 시간이 나온 A가 정답이다.

32

Nǐ tóngxué jīnnián jǐ suì le?
你 同学 今年 几 岁 了? C 당신의 동창은 올해 몇 살인가요?

단어 **同学** tóngxué 명 학교 친구, 동창(생) | **今年** jīnnián 명 올해, 금년 | **几** jǐ 수 몇 | **岁** suì 명 살, 세

해설 문제의 핵심어는 '几岁(몇 살)'이다. 따라서 나이가 나온 C가 정답이다.

33

Nǐ zěnme lái Zhōngguó de?
你 怎么 来 中国 的? B 당신은 어떻게 중국에 왔나요?

단어 **怎么** zěnme 대 어떻게 | **来** lái 동 오다 | **中国** Zhōngguó 고유 중국

해설 '어떻게'에 대한 대답, 즉 방식을 나타내는 B가 정답이다.

실전 모의고사 | 제2회

34

Nǐ xǐhuan chī shuǐguǒ ma?
你 喜欢 吃 水果 吗?　　　　　[F]　　당신은 과일 먹는 것을 좋아하나요?

단어 　喜欢 xǐhuan 통 좋아하다 | 吃 chī 통 먹다 | 水果 shuǐguǒ 명 과일 | 吗 ma 조 문장 끝에 쓰여 의문의 어기를 나타냄

해설 　상대방에게 과일을 좋아하는지에 대해 물었으므로 정답은 F다.

35

Zhège cài duōshao qián?
这个 菜 多少 钱?　　　　　[D]　　이 요리는 얼마예요?

단어 　这个 zhège 때 이것 | 菜 cài 명 반찬, 요리 | 多少 duōshao 때 얼마, 몇 | 钱 qián 명 화폐, 돈

해설 　수량을 묻는 의문대명사 '多少(얼마)'를 근거로 가격이 나온 D가 정답이다.

독해 제4부분

36 – 40

yīyuàn	shāngdiàn	shuō huà		A 병원	B 상점	C 말하다
A 医院	B 商店	C 说 话				
xīngqī	bú kèqi	xuéxí		D 요일	E 괜찮다	F 공부하다
D 星期	E 不客气	F 学习				

단어 　医院 yīyuàn 명 병원 | 商店 shāngdiàn 명 상점, 판매점 | 说话 shuōhuà 통 말하다, 이야기하다 | 不客气 bú kèqi 괜찮습니다, 천만에요 | 学习 xuéxí 통 공부하다

36

Tā zuótiān zài xuéxiào　xuéxí.
她 昨天 在 学校 (F 学习)。　　　그녀는 어제 학교에서 (F 공부했습니다).

단어 　昨天 zuótiān 명 어제 | 在 zài 개 ~에서 | 学校 xuéxiào 명 학교

해설 　빈칸이 전치사구 '在学校(학교에서)' 뒤에 있으므로 학교에서 무엇을 하는지를 나타내는 술어 F가 정답이다.

37

Wéi, Zhāng yīshēng zài　yīyuàn ma?
喂, 张 医生 在 (A 医院) 吗?　　여보세요, 장 의사선생님 (A 병원)에 계십니까?

단어 　喂 wéi 감 (전화상에서) 여보세요 | 医生 yīshēng 명 의사 | 在 zài 통 ~에 있다

해설 　'在'는 동사의 의미로 '~에 있다'라는 뜻을 나타낸다. 따라서 뒤에 장소가 와야 하므로 보기에서 장소를 나타내는 단어 A, B 중 빈칸 앞의 '医生(의사)'과 의미적으로도 관련 있는 A가 정답이다.

38

Wǒ diǎn qù shāngdiàn, diǎn fēn huílái. 我 3 点 去 (B 商店)，4 点 30 分 回来。	저는 3시에 (B 상점)에 갔습니다, 4시30분에 돌아와요.

단어 点 diǎn 양 시 | 去 qù 통 가다 | 分 fēn 명 분 | 回来 huí lái 통 되돌아오다

해설 빈칸 앞의 '去(가다)'를 근거로 갈 수 있는 장소를 선택하면 된다. 따라서 정답은 B다.

39

Xièxie, wǒ hěn xǐhuan zhè běn shū. 男 : 谢谢，我 很 喜欢 这 本 书。 Bú kèqi. 女 : (E 不 客气)。	남 : 감사합니다, 저는 이 책을 매우 좋아해요. 여 : (E 천만에요).

단어 谢谢 xièxie 통 감사합니다, 고맙습니다 | 很 hěn 부 매우, 대단히 | 喜欢 xǐhuan 통 좋아하다 | 这 zhè 대 이것 | 本 běn 양 권 | 书 shū 명 책

해설 '谢谢(감사합니다)'라는 말에 상응하여 쓰이는 관용어 E가 정답이다.

40

Nǐ shénme shíhou xué huì shuō huà de? 男 : 你 什么 时候 学会 (C 说 话) 的? Zài wǒ liǎng suì de shíhou. 女 : 在 我 两 岁 的 时候。	남 : 당신은 언제쯤 (C 말하는) 것을 배웠나요? 여 : 제가 2살 때요.

단어 什么时候 shénme shíhou 언제 | 学 xué 통 배우다, 학습하다 | 会 huì 통 (배워서) ~할 수 있다, ~할 줄 알다 | 两 liǎng 수 둘 | 岁 suì 명 살, 세 | 的时候 de shíhou ~할 때

해설 배워서 할 수 있는 동사 C가 정답이다.

실전 모의고사 3

〉〉 실전 모의고사 25p

듣기 听力 🎧 실전 모의고사 3회

제1부분	1 ✕		2 ✓		3 ✕		4 ✓		5 ✕
제2부분	6 C		7 B		8 A		9 A		10 B
제3부분	11 A		12 E		13 D		14 C		15 F
제4부분	16 B		17 C		18 A		19 B		20 A

독해 阅读

제1부분	21 ✓		22 ✓		23 ✕		24 ✕		25 ✕
제2부분	26 A		27 F		28 E		29 D		30 B
제3부분	31 C		32 B		33 F		34 D		35 A
제4부분	36 B		37 A		38 C		39 E		40 F

1

dú shū
读 书

책을 읽다　　(×)

단어　读 dú 동 읽다 | 书 shū 명 책

해설　사진 속 여자는 운전을 하고 있으므로 녹음과 일치하지 않는다. 따라서 정답은 X다.

2

míngtiān jiàn
明天　见

내일 보다　　(✓)

단어　明天 míngtiān 명 내일 | 见 jiàn 동 또 뵙겠습니다, 안녕히 계세요(가세요)

해설　녹음은 헤어질 때 하는 인사로 사진 속 인물의 행동과 일치한다. 따라서 정답은 ✓다.

3

diǎn　fēn
8 点 30 分

8시 30분　　(×)

단어　点 diǎn 양 시 | 分 fēn 명 분

해설　사진 속 시각은 7시이므로 정답은 X다.

4

tóngxué
同学

동급생 (학교 친구)　　(✓)

해설　사진 속 인물들이 책가방을 메고 있는 것을 보아 학교 친구임을 알 수 있다. 따라서 정답은 ✓다.

5

kāi chūzūchē
开 出租车

택시를 운전하다　　(×)

단어　开 kāi 동 운전하다 | 出租车 chūzūchē 명 택시

해설　사진 속 인물은 택시 운전이 아닌 오토바이를 운전하고 있으므로 정답은 X다.

6

A

B

C ✓

Tāmen zài kàn diànyǐng.
他们 在 看 电影。

그들은 영화를 봅니다.　　　(C)

단어 他们 tāmen 대 그들, 저들 | 在 zài 부 ~하고 있다 | 看 kàn 동 보다 | 电影 diànyǐng 명 영화

해설 영화를 본다고 하였으므로 영화관 모습이 나온 C가 정답이다.

7

A

B ✓

C

Tā zài shuō huà.
他 在 说 话。

그는 이야기를 하고 있습니다.　　　(B)

단어 在 zài 부 ~하고 있다 | 说话 shuōhuà 동 말하다, 이야기하다

해설 그는 이야기를 하고 있다고 하였으므로 B가 정답이다.

8

A ✓

B

C

Yè xiǎojiě, rènshi nǐ hěn gāoxìng.
叶 小姐，认识 你 很 高兴。

예양, 만나서 매우 반갑습니다.　　　(A)

단어 小姐 xiǎojiě 몡 아가씨, 젊은 여자 | 认识 rènshi 통 알다, 인식하다 | 很 hěn 閉 매우, 대단히 | 高兴 gāoxìng 閉 기쁘다

해설 3장의 사진 모두 상대방에게 인사를 건네고 있으므로 핵심어인 '小姐(아가씨)'와 일치하는 사진을 선택해야 한다. 사진 B와 C는 남자와 남학생이므로 정답이 될 수 없다.

9

A ✓

B

C

Wǒ tóngxué zài xuéxiào kàn shū.
我 同学 在 学校 看 书。

제 친구는 학교에서 책을 봅니다.　　(A)

단어 同学 tóngxué 몡 학교 친구, 동창(생) | 在 zài 깨 ~에서 | 学校 xuéxiào 몡 학교 | 看 kàn 통 보다 | 书 shū 몡 책

해설 책을 보고 있는 동작의 사진을 선택하면 된다. 따라서 정답은 A다.

10

A

B ✓

C

Zhè jiā shāngdiàn hěn dà.
这 家 商店 很 大。

이 상점은 매우 큽니다.　　(B)

단어 这 zhè 떼 이것 | 家 jiā 양 집·상점 등을 세는 단위 | 商店 shāngdiàn 몡 상점, 판매점 | 很 hěn 閉 매우, 대단히 | 大 dà 혱 크다, 넓다

해설 상점에 대해서 이야기하고 있으므로 정답은 B다.

11 – 15

A

B

C

D

E

F

11

女 : Jīntiān tiānqì zěnmeyàng?
今天 天气 怎么样?

여 : 오늘 날씨 어때요?

男 : Bú shì hěn hǎo.
不 是 很 好。

남 : 좋지는 않아요.

A

단어 今天 jīntiān 몡 오늘 | 天气 tiānqì 몡 날씨 | 怎么样 zěnmeyàng 떼 어떻다, 어떠하다 | 不是 bú shì ~이 아니다 | 很 hěn 뷘 매우, 대단히 | 好 hǎo 혱 좋다

해설 날씨에 대해서 좋지 않다고 이야기하고 있으므로, 흐린 날씨가 묘사된 사진 A가 정답이다.

12

男 : Nǐ huì shuō Hànyǔ ma?
你 会 说 汉语 吗?

남 : 당신은 중국어를 할 줄 알아요?

女 : Wǒ huì shuō yìdiǎn Hànyǔ.
我 会 说 一点 汉语。

여 : 저는 조금 할 줄 알아요.

E

단어 会 huì 조동 (배워서) ~할 수 있다, ~할 줄 알다 | 说 shuō 동 말하다 | 汉语 Hànyǔ 몡 중국어 | 一点 yìdiǎn 수량 약간, 조금

해설 중국어를 할 수 있는지에 대한 문장에 가장 적합한 사진은 중국어가 쓰여있는 사진 E다.

13

女 : Zhège hěn piàoliang, duōshao qián?
这个 很 漂亮, 多少 钱?

여 : 이서 너무 예뻐요, 얼마예요?

男 : Shí kuài qián.
十 块 钱。

남 : 10위안입니다.

D

단어 这个 zhège 때 이것 | 很 hěn 및 매우, 대단히 | 漂亮 piàolliang 웹 예쁘나, 아름납다, 보기 좋다 | 多少 duōshao 때 얼마, 몇 |

钱 qián 웹 화폐, 돈 | 十 shí ㊤ 열, 10 | 块 kuài 웹 위안(중국 화폐 단위)

해설 어떤 사물에 대해서 '漂亮(예쁘다)'이라고 하였으므로 대화에 가장 적합한 사진은 D다.

14

Shàngwǔ nǐ qù nǎr le?
男：上午 你 去 哪儿 了？

남 : 오전에 당신은 어디에 갔었나요?

Wǒ qù yīyuàn le.
女：我 去 医院 了。

여 : 저는 병원에 갔었어요.

C

단어 上午 shàngwǔ 웹 오전 | 去 qù 통 가다 | 哪儿 nǎr 때 어디, 어느 곳 | 医院 yīyuàn 웹 병원

해설 여자의 대답을 미루어 병원 상황을 묘사한 사진 C가 정답이다.

15

Tā shì shéi?
女：他 是 谁？

여 : 그는 누구인가요？

Tā shì wǒ de tóngxué.
男：他 是 我 的 同学。

남 : 그는 제 동창입니다.

F

단어 是 shì 통 ~이다 | 谁 shéi 때 누구 | 同学 tóngxué 웹 학교 친구, 동창(생)

해설 동창을 나타내는, 즉 인물 묘사 사진인 F가 정답이다.

듣기 제4부분

16

Jīntiān shì sì yuè shíbā rì, xīngqí'èr.
今天 是 四 月 十八 日, 星期二。

오늘은 4월 18일로, 화요일입니다.

Jīntiān xīngqī jǐ?
问：今天 星期 几？

문 : 오늘은 무슨 요일인가?

xīngqīyī   xīngqí'èr   xīngqīsān
A 星期一 B 星期二 C 星期三

A 월요일   B 화요일   C 수요익

단어 今天 jīntiān 웹 오늘 | 是 shì 통 ~이다 | 四 sì ㊤ 넷, 4 | 月 yuè 웹 월, 달 | 八 shíbā ㊤ 열어덟, 18 | 日 rì 웹 일, 날 | 星期
xīngqī 웹 요일 | 几 jǐ ㊤ 몇 | 星期一 xīngqīyī 웹 월요일 | 星期二 xīngqī'èr 웹 화요일 | 星期三 xīngqīsān 웹 수요일

해설 오늘은 화요일이라고 하였으므로 정답은 B다.

17

Tā rènshi yìxiē Hànzì, néng shuō yìxiē Hànyǔ.
她 认识 一些 汉字, 能 说 一些 汉语。

그녀는 한자를 조금 알고, 중국어도 조금 할 수 있어요.

Tā huì shénme?
问：她 会 什么？

문 : 그녀가 할 수 있는 것은 무엇인가?

zuò fàn   dú shū   shuō Hànyǔ
A 做 饭   B 读 书   C 说 汉语

A 밥 하기   B 책 읽기   C 중국어 말하기

단어 认识 rènshi 통 알다, 인식하다 | 一些 yìxiē 수량 약간, 조금 | 汉字 Hànzì 명 한자 | 能 néng 조동 ~할 수 있다 | 说 shuō 통 말하다 | 汉语 Hànyǔ 명 중국어 | 会 huì 통 (배워서) ~할 수 있다, ~할줄 알다 | 什么 shénme 대 무엇 | 做饭 zuò fàn 밥을 하다 | 读 dú 통 읽다 | 书 shū 명 책

해설 그녀가 할 줄 아는 것은 중국어 말하기이므로 정답은 C다.

18

Míngtiān huì xià yǔ, tiānqì hěn lěng.
明天 会下雨, 天气 很 冷。

내일 비가 올 거예요, 날씨가 추워요.

Míngtiān tiānqì zěnmeyàng?
问：明天 天气 怎么样？

문 : 내일 날씨는 어떠한가?

xià yǔ   rè   bù zhīdào
A 下 雨   B 热   C 不知道

A 비가 온다   B 덥다   C 모른다

단어 明天 míngtiān 명 내일 | 会 huì 조동 ~할 가능성이 있다, ~할 것이다 | 下雨 xiàyǔ 통 비가 오다(내리다) | 天气 tiānqì 명 날씨 | 很 hěn 부 매우, 대단히 | 冷 lěng 형 춥다, 차다 | 怎么样 zěnmeyàng 대 어떻다, 어떠하다 | 热 rè 형 덥다 | 不知道 bù zhīdào 모른다

해설 '내일 비가 올 것'이라고 하였으므로 정답은 A다.

19

Shàng ge yuè, érzi hé bàba qù Běijīng le.
上 个 月, 儿子和爸爸 去北京 了。

지난달, 아들과 아버지는 베이징에 갔습니다.

Érzi hé shéi qù Běijīng le?
问：儿子和谁 去北京 了？

문 : 아들은 누구와 베이징에 갔는가?

māma   bàba   tóngxué
A 妈妈   B 爸爸   C 同学

A 어머니   B 아버지   C 동창

단어 上个月 shàng ge yuè 지난달 | 儿子 érzi 명 아들 | 和 hé 접 ~와 | 爸爸 bàba 명 아빠, 아버지 | 去 qù 통 가다 | 北京 Běijīng 고유 베이징, 북경 | 和 hé 개 ~와 | 谁 shéi 대 누구 | 妈妈 māma 명 엄마, 어머니 | 同学 tóngxué 명 학교 친구, 동창(생)

해설 아들은 아버지와 베이징에 갔다고 하였으므로 정답은 B다.

20

Wǒ yǒu yí ge péngyou, míngnián yào qù Zhōngguó.
我 有 一 个 朋友， 明年 要 去 中国。

저의 한 친구는 내년에 중국에 가려고 합니다.

Péngyou yào qù nǎr?
问 : 朋友 要 去 哪儿?

문 : 친구는 어디를 가려고 하는가?

Zhōngguó	Měiguó	Běijīng
A 中国	B 美国	C 北京

| A 중국 | B 미국 | C 베이징 |

단어 有 yǒu 동 있다 | 一 yī 수 하나, 1 | 个 gè 양 개, 사람, 명 | 朋友 péngyou 명 친구 | 明年 míngnián 명 내년 | 要 yào 조동 ~하려고 하다, ~할 것이다 | 去 qù 동 가다 | 中国 Zhōngguó 고유 중국 | 哪儿 nǎr 대 어디, 어느 곳 | 美国 Měiguó 고유 미국 | 北京 Běijīng 고유 베이징, 북경

해설 내년에 친구는 중국에 간다고 하였으므로 정답은 A다. C도 중국이라고 생각할 수 있지만, 녹음 속에서 언급한 곳은 국명으로 중국이지 중국 속 지명 베이징이 아니므로 C는 정답이 아니다.

독해 阅读 제1부분

21

yīfu
衣服
옷 (✓)

해설 사진과 제시어 모두 옷이므로 정답은 ✓다.

22

zuò
做
하다, 만들다 (✓)

해설 사진 속 인물의 동작이 무언가를 하고 있는 모습이므로 제시어의 뜻과 일치한다.

23

shū
书
책 (×)

해설 제시어는 책이지만 사진 속 사물은 신문이므로 정답은 X다.

hē shuǐ
喝 水
물을 마시다 (×)

단어 喝 hē 동 마시다 | 水 shuǐ 명 물

해설 사진 속 사물은 음료이므로 정답은 X다.

25

lěng
冷
춥다 (×)

해설 사진 속 인물의 행동을 통해 더운 날씨임을 알 수 있으므로 제시어 '冷(춥다)'과는 일치하지 않는다.

독해 제2부분

26 – 30

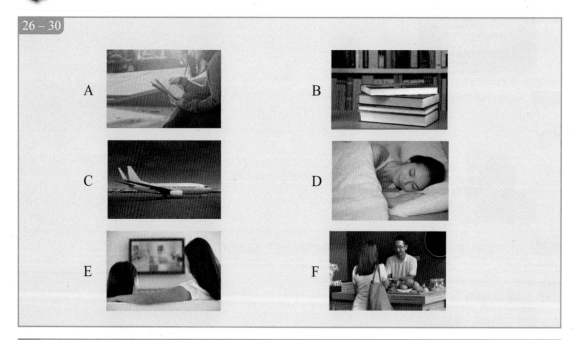

26

Xiànzài tā zài kàn shū.
现在 她在看书。 [A] 지금 그녀는 책을 봅니다.

단어 现在 xiànzài 몡 지금, 현재 | 在 zài 뷔 ~하고 있다 | 看 kàn 동 보다 | 书 shū 몡 책

해설 '书(책)'를 근거로 정답을 선택할 때 보기 A와 B가 헷갈릴 수 있으나 '看书(책을 보다)'에서 핵심 정보는 동작이므로 정답은 A다.

27

Tā shì wǒ péngyou de bàba,
他 是 我 朋友 的 爸爸,

그분은 제 친구의 아버지입니다,

zài shāngdiàn gōngzuò.
在 商店 工作。 | F |

상점에서 일하십니다.

단어 朋友 péngyou 몡 친구 | 爸爸 bàba 몡 아빠, 아버지 | 在 zài 갸 ~에서 | 商店 shāngdiàn 몡 상점, 판매점 | 工作 gōngzuò 동 일하다

해설 친구의 아버지가 상점에서 일을 한다는 문장을 근거로 상점 속 남자 인물을 묘사하고 있는 사진 F가 정답이다.

28

Wǒ hé nǚ'ér dōu zài jiā kàn diànshì.
我 和 女儿 都 在 家 看 电视。 | E |

저와 딸은 모두 집에서 텔레비전을 봅니다.

단어 和 hé 젭 ~와 | 女儿 nǚ'ér 몡 딸 | 都 dōu 뷔 모두, 다, 전부 | 在 zài 갸 ~에서 | 家 jiā 몡 집 | 看 kàn 동 보다 | 电视 diànshì 몡 텔레비전

해설 집에서 텔레비전을 본다고 하였으므로, 사진 E가 가장 적합하다.

29

Wǒ xǐhuan xià yǔ de shíhou shuìjiào.
我 喜欢 下 雨 的 时候 睡觉。 | D |

저는 비올 때 잠자는 것을 좋아합니다.

단어 喜欢 xǐhuan 동 좋아하다 | 下雨 xiàyǔ 동 비가 오다(내리다) | 的时候 de shíhou ~할 때 | 睡觉 shuìjiào 동 잠을 자다

해설 핵심 정보가 '잠자는 것을 좋아한다'이므로 잠을 자고 있는 사진 D가 정답이다.

30

Zuótiān qù shāngdiàn mǎile jǐ běn shū.
昨天 去 商店 买了 几 本 书。 | B |

어제 상점에 가서 몇 권의 책을 샀습니다.

단어 昨天 zuótiān 몡 어제 | 去 qù 동 가다 | 商店 shāngdiàn 몡 상점 | 买 mǎi 동 사다 | 几 jǐ 주 몇 | 本 běn 양 권 | 书 shū 몡 책

해설 상점에 가서 몇 권의 책을 샀다는 문장을 근거로 몇 권의 책이 있는 사진 B가 적합하다.

31 – 35

kuài.
A 200 块。

A 200위안입니다.

suì le.
B 12 岁 了。

B 12살이요.

Zuò chūzūchē qù.
C 坐 出租车 去。

C 택시 타고 가요.

Běijīngrén.
D 北京人。

D 베이징 사람이에요.

Xièxie, wǒ bù hē.
E 谢谢，我 不 喝。

E 감사합니다, 저는 안 마실게요.

Rè de, xièxie.
F 热 的，谢谢。

F 따뜻한 거요, 감사합니다.

단어 块 kuài 〔양〕 위안(중국 화폐 단위) | 岁 suì 〔명〕 살, 세 | 坐 zuò 〔동〕 (교통수단을) 타다 | 出租车 chūzūchē 〔명〕 택시 | 去 qù 〔동〕 가다 | 北京 Běijīng 〔고유〕 베이징, 북경 | 人 rén 〔명〕 사람 | 谢谢 xièxie 〔동〕 감사합니다 | 喝 hē 〔동〕 마시다 | 热 rè 〔형〕 뜨겁다, 덥다

31

Xiànzài, wǒmen zěnme qù yīyuàn ne?
现在，我们 怎么 去 医院 呢?

[C]

지금, 우리는 어떻게 병원에 가요?

단어 现在 xiànzài 〔명〕 지금, 현재 | 我们 wǒmen 〔대〕 우리(들) | 怎么 zěnme 〔대〕 어떻게 | 去 qù 〔동〕 가다 | 医院 yīyuàn 〔명〕 병원

해설 '어떻게(怎么)'를 근거로 방법, 수단을 나타내는 C가 정답이다.

32

Nǐ érzi jīnnián jǐ suì le?
你 儿子 今年 几 岁 了?

[B]

당신의 아들은 올해 몇 살인가요?

단어 儿子 érzi 〔명〕 아들 | 今年 jīnnián 〔명〕 올해, 금년 | 几 jǐ 〔수〕 몇 | 岁 suì 〔명〕 살, 세

해설 나이에 대해 묻고 있으므로 나이가 나온 B가 정답이다.

33

Nǐ xǐhuan shénmeyàng de chá?
你 喜欢 什么样 的 茶?

[F]

당신은 어떤 차를 좋아하나요?

단어 喜欢 xǐhuan 〔동〕 좋아하다 | 什么样 shénmeyàng 〔대〕 어떠한, 어떤 모양 | 茶 chá 〔명〕 차

해설 어떤 차를 좋아하는지에 대해서 물었으므로 정답은 F다.

34		
Tā shì nǎlǐ rén? 他 是 哪里 人?	D	그는 어디 사람인가요?

단어 是 shì 통 ~이다 | 哪里 nǎlǐ 때 어디, 어느 곳 | 人 rén 명 사람

해설 '哪里(어디)'을 근거로 지명이 나와 있는 D가 정답이다.

35		
Nàxiē yīfu duōshao qián? 那些 衣服 多少 钱?	A	그 옷은 얼마인가요?

단어 那些 nàxiē 때 저(것)들, 그것들 | 衣服 yīfu 명 옷 | 多少 duōshao 때 얼마, 몇 | 钱 qián 명 화폐, 돈

해설 가격에 대해 묻고 있으므로 가격이 나온 A가 정답이다.

독해 阅读 제4부분

36 – 40		
fàndiàn A 饭店	xuéxiào B 学校	xiě C 写
xīngqī D 星期	méi guānxi E 没 关系	gōngzuò F 工作

A 식당	B 학교	C 쓰다
D 요일	E 괜찮다	F 일하다

단어 饭店 fàndiàn 명 식당 | 学校 xuéxiào 명 학교 | 写 xiě 통 쓰다 | 星期 xīngqī 명 요일, 주 | 没关系 méi guānxi 괜찮다, 상관없다 | 工作 gōngzuò 통 일하다

36	
Wéi, Lǐ lǎoshī zài xuéxiào ma? 喂, 李老师 在 (B 学校) 吗?	여보세요? 이 선생님 (B 학교)에 계십니까?

단어 喂 wéi 감 (전화상에서)여보세요 | 老师 lǎoshī 명 선생님 | 在 zài 통 ~에 있다

해설 '在' 뒤에 쓸 수 있는 장소 보기 A와 B중 '老师(선생님)'라는 단어를 근거로 의미적으로도 알맞은 정답은 B다.

37	
Women zhongwu zài fàndiàn chī fàn. 我们 中午 在 (A 饭店) 吃 饭。	우리는 점심에 (A 식당)에서 밥을 먹습니다.

단어 我们 wǒmen 때 우리(들) | 中午 zhōngwǔ 명 정오, 낮 12시 전후 | 在 zài 깨 ~에, ~에서 | 吃 chī 통 먹다 | 饭 fàn 명 밥, 식사

해설 밥을 먹는 장소로 알맞은 보기는 A다.

38

Nǚ'ér   suì de shíhou huì   xiě   yìxiē Hànzì.
女儿 4 岁 的 时候 会（C 写） 一些 汉字。

딸은 4살 때 한자를 조금（C 쓸）줄 알았습니다.

단어 **女儿** nǚ'ér 몡 딸 | **四** sì 준 넷, 4 | **岁** suì 몡 살, 세 | **的时候** de shíhou ~할 때 | **会** huì 조몽 (배워서) ~할 수 있다, ~할줄 알다 |
一些 yìxiē 준량 약간, 조금 | **汉字** Hànzì 몡 한자

해설 빈칸이 조동사와 목적어 사이에 있으므로 빈칸에 들어갈 단어의 품사는 동사이다. 목적어 '汉字(한자)'를 근거로 정답은 C다.

39

　　Duìbuqǐ,   wǒ jīntiān bù néng hé nǐ huí qù le.
男 : 对不起， 我 今天 不 能 和 你 回 去 了。

남 : 죄송해요, 오늘 당신하고 같이 집에 못 갈 것 같아요.

　　Méi guānxi.
女 :（E 没 关系）。

여 :（E 괜찮아요）.

단어 **对不起** duìbuqǐ 동 미안합니다, 죄송합니다 | **今天** jīntiān 몡 오늘 | **能** néng 조동 ~할 수 있다 | **和** hé 개 ~와 | **回去** huí qù 동
돌아가다

해설 '对不起(미안해요)'에 상응하는 관용어를 고르면 E가 정답이다.

40

　　Xiànzài nǐ zài nǎr   gōngzuò?
男 : 现在   你 在 哪儿（F 工作）?

남 : 지금 당신은 어디에서（F 일하고）있나요?

　　Zài yīyuàn qiánmiàn de fàndiàn li.
女 : 在 医院   前面   的 饭店 里。

여 : 병원 앞 식당에서 일하고 있어요.

단어 **现在** xiànzài 몡 지금, 현재 | **在** zài 개 ~에, ~에서 | **哪儿** nǎr 대 어디, 어느 곳 | **医院** yīyuàn 몡 병원 | **前面** qiánmiàn 몡 앞 |
饭店 fàndiàn 몡 식당

해설 빈칸 앞의 전치사구 '在哪儿(어디에서)'을 근거로 빈칸에는 술어가 들어가야 한다는 것을 알 수 있다. 빈칸에 들어갈 의미적으로 알
맞은 동사를 고르면 F가 정답이다.

외국어 출판 40년의 신뢰
외국어 전문 출판 그룹
동양북스가 만드는 책은 다릅니다.

40년의 쉼 없는 노력과 도전으로 책 만들기에 최선을 다해온 동양북스는
오늘도 미래의 가치에 투자하고 있습니다.
대한민국의 내일을 생각하는 도전 정신과 믿음으로 최선을 다하겠습니다.

동양북스

📖 동양북스 추천 교재

일본어 교재의 최강자, 동양북스 추천 교재

회화 코스북

일본어뱅크 다이스키
STEP 1·2·3·4·5·6·7·8

일본어뱅크
좋아요 일본어 1·2·3

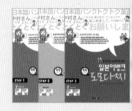

일본어뱅크 도모다찌
STEP 1·2·3

분야서

일본어뱅크
NEW 스타일 일본어 문법

일본어뱅크
일본어 작문 초급

일본어뱅크
사진과 함께하는
일본 문화

일본어뱅크
항공 서비스 일본어

가장 쉬운 독학
일본어 현지회화

수험서

일취월장 JPT
독해·청해

일취월장 JPT
실전 모의고사 500·700

일단 합격하고 오겠습니다
JLPT 일본어능력시험
N1·N2·N3·N4·N5

일단 합격하고 오겠습니다
JLPT 일본어능력시험
실전모의고사 N1·N2·N3·N4/5

단어·한자

특허받은
일본어 한자 암기박사

일본어 상용한자 2136
이거 하나면 끝!

일본어뱅크
New 스타일 일본어 한자 1·2

가장 쉬운 독학
일본어 단어장

일단 합격하고 오겠습니다
JLPT 일본어능력시험
단어장 N1·N2·N3